默克尔

一切梦想终将成真

周　璇◎著

台海出版社

图书在版编目（CIP）数据

默克尔：一切梦想终将成真／周璇著.
—北京：台海出版社，2015.7

ISBN 978 - 7 - 5168 - 0641 - 8

Ⅰ.①默… Ⅱ.①周… Ⅲ.①默克尔—传记
Ⅳ.①K835.167 = 6

中国版本图书馆 CIP 数据核字（2015）第 147955 号

默克尔：一切梦想终将成真

著　　者：周　璇

责任编辑：姚红梅
装帧设计：张子航　　　　　　　版式设计：红　英
责任校对：晏一群　　　　　　　责任印制：蔡　旭

出版发行：台海出版社
地　　址：北京市朝阳区劲松南路 1 号　　邮政编码：100021
电　　话：010 - 64041652（发行，邮购）
传　　真：010 - 84045799（总编室）
网　　址：http://www.taimeng.org.cn/thcbs/default.htm
E - mail：thcbs@ 126.com

经　　销：全国各地新华书店
印　　刷：河北信德印刷有限公司
本书如有破损、缺页、装订错误，请与本社联系调换

开　　本：710 mm × 1000 mm　　1/16
字　　数：192 千字　　　　　　　印　张：17.5
版　　次：2015 年 9 月第 1 版　　印　次：2024 年 1 月第 2 次印刷
书　　号：ISBN 978 - 7 - 5168 - 0641 - 8

定　　价：58.00 元

当今社会，女性越来越多地在不同领域发挥着不可忽视的重要作用。说起世界上最有权力的女人们，默克尔一定是榜上有名的。2013 年 9 月 22 日，安格拉·默克尔第三次赢得了德国总理的大选，即将开始自己长达 12 年的执政之路。这意味着，默克尔将超越撒切尔夫人，成为历史上在位时间最长的女性领导者。

默克尔骨子里渴望拥有权力，在这一点上，她与德国前总理科尔和施罗德是共通的，所以她会用十倍的努力去获得或者实现目标。这是她生活的追求，在这种目标中，她获得了别人的认可，她觉得这才是真正有价值的事情。

无论默克尔身处什么样的位置，她都想做到完美，像她的学生时代那样。

默克尔是自然科学工作者，她不受"思想体系"约束，但即使这样，她仍然是一个没定型的全才。她只从社会运转的必然性出发，自然低估了经验和行为的重要性。

默克尔有良好的口头表达能力，在民主德国时经历的专制环境、在政治导师科尔领导下积累的内阁经验和党与议会党团的双重主席职务，使她得到了应有的锻炼，故此她已经为胜利做好了准备。

默克尔在政治斗争中经常不按常理出牌，因为她是半路出家，没有固定的思维模式。

默克尔性格的形成和她的牧师父亲有关，她的父亲在家里拥有绝对的权力，他那冷漠如同冰山的面孔、严厉以及专制的作风，给默克尔带来了深远的影响。时至今日，默克尔的行事风格，很大程度上是受当时生活在民主德国的父亲的影响。尽管这样，默克尔还是愿意为了父亲的愿望而努力争取权力，当然，这也是向父亲证明自己的最直接的方式。

默克尔是牧师的孩子，可她没有想过学神学，而是选择了物理专业，这令父母非常吃惊，因为当时在民主德国，牧师的孩子一般要接替父亲的担子。显然，默克尔在政治上的发展与父亲的想法是相异的，可并不代表她没有受到父亲的影响，或许，她是想向父亲证明她能够有所作为。

父亲在默克尔 30 岁生日时曾经来柏林，到过她住的地方并留有一句话："你现在还没有做出点儿像样的事。"这句话她一直铭记于心，直到今天默克尔都想通过自己的努力告诉父亲，她能行。

在一个几乎男权主宰、男性占大多数的政党内，妇女代表往往得不到民众支持，尤其是得不到妇女的支持。受民主德国深深影响的默克尔，与西德女性政治家常保持着一定距离。故而，外界对默克尔这个女政治家的看法，真是众说纷纭。

她来自东部，还是一个女性，在政治中行走的每一步都特别艰难。处于领导岗位的女性容易引人注意，不仅在政治领域，在男人统领的经济界或科学界也是如此。

常给默克尔照相的女摄影师克贝尔，在默克尔 50 岁生日派对上说："德国第一次有了一位女性成为大党的主席和党团主席，这个地位不是天上掉下来的馅饼。您的脸庞已经讲述了所经历的一切。您从来不刻意去突出女性的一面，但您已经进入世界上少有几个权力达到顶峰的女性行列，您与撒切尔或者果尔达·梅厄的距离不远了。"

默克尔很害怕别人把她比作撒切尔，这种比较常常让她感到心寒。《明星》杂志曾把她比作"现代的玛格丽特·撒切尔"，默克尔立刻表达了自己与撒切尔之间的不同，并强调自己与撒切尔的首相职位截然相反，她只是拥护德国统一的人。

也许，从某种意义上来讲，默克尔代表了这个世界的政治家常常更换的潮流。默克尔的很多决策常常是为了实现目标而采取的，她的政治风格与传统基民盟（基督教民主联盟）的表现大相径庭，她的风格属于现在型或者说是与时俱进的那种，这些政治家不受传统的思想和一些民众的影响，而更注重结果。

默克尔善于隐藏真实的自己，习惯言不及己。她可以侃侃而谈自己，却不会让别人了解到什么，她懂得应该展示自己的哪个方面。克贝尔在默克尔 50 岁生日时还曾对她说过："希望私底下的默克尔与她目前完美的面具有所不同。"

默克尔的经历是整个德国发展的写照。

被称为"统一总理"的科尔与东部同胞的关系很密切，他希望市场经济在东部的发展能够顺利。同样，默克尔的想法也一样，她的生平是德国统一的写照。

默克尔在政治领域上选择的道路，体现了她不肯苟且偷安和向往自由的精神。她在东西部都获得了成功，她的生活显示了她坚强不屈的性格。德国统一以后，默克尔还能获得如此高位，不正是用另一种方式说明了一切吗？

目　录

❧序　/001

❧1　平民时代　/001

非常时期的牧师女儿　/001

带着信仰去东德　/005

"必须永远比同龄人出色"　/008

被"冤枉"成叛逆少女　/012

❧2　政治上的"看客"　/018

"杠上"物理学　/018

莱比锡的青葱岁月　/021

科学家的"政治嫌疑"　/025

西德"穷游"　/030

养肥政治幼苗　/033

3 我是默克尔 / 039

柏林墙的"新奥义" / 039

出彩的新闻发言人 / 044

出人意料的选举 / 050

冒尖儿的联邦部长 / 055

"常胜将军"的眼泪 / 060

政坛，要有自己的"领地" / 064

4 泥泞的政坛"独木桥" / 069

"轻量级"环境部长 / 069

用成绩说话 / 075

"黑金案"之殇 / 079

与"恩师"的决裂 / 084

重压下的反击 / 089

"杀"出一条血路 / 093

5 纷争中历练前行 / 099

半路杀出的施托伊伯 / 099

以退为进，攻守相宜 / 105

失利后，转身再战 / 110

在纷争中历练 / 115

6 吹尽狂沙始到金 / 120

找一条自己的政治路 / 120

接招儿，施罗德 / 125

默克尔"军团" / 129

持续12年的信任 / 135

7 左右逢源的"德国铁娘子" / 141

"计划"经济 / 141

外交砝码去哪儿了 / 146

金融危机中的"炼金术" / 151

政治"婚姻"破裂 / 156

妇女之友 / 160

8 难缠的"欧债" / 167

欧债风暴 / 167

危机"太极拳" / 172

"施瓦本主妇" / 177

平静面对，主动出击 / 181

9 外交有术 / 187

一半火焰，一半海水 / 187

价值观外交打碎的"瓷器" / 191

重地，要出重击 / 194

全球环保"代言人" / 199

10 那些年，那些风波 / 205

冒德国之大不韪 / 205

来自总理府的宴请 / 209

核风波下的决断 / 213

"棱镜门"带来的两难境地 / 219

低胸礼服 / 225

❀ 11　一波多折的情路 ／230

从"卡斯纳"到"默克尔" ／230

精神导师与灵魂伴侣 ／235

神秘的"第一先生" ／239

不为人知的温馨生活 ／243

❀ 12　"第一女总理"的点滴趣事 ／248

克勤克俭的德国总理 ／248

德国足球队的第"12"人 ／253

跟政要们拼"刷屏" ／257

掌勺学川菜 ／261

1

平民时代

非常时期的牧师女儿

在世界政治舞台上活跃的女性实在凤毛麟角，而能在政坛活跃并有不俗举措者更是万中无一。当男性主宰世界的论调成为大众默认的定律后，女性便更难以在历史长河中显露身影。只是，万世沧桑巨变，凡事总有例外。比如德国第一位女总理默克尔，便当之无愧是这个时代的例外。

1954 年，安格拉·默克尔出生在联邦德国的一个普通的牧师家庭。从小她就养成了镇定、沉稳的性格，她懂得如何与不同的人打交道，懂得如何揣测别人话语背后的意思，懂得如何最恰当地表达自己的想法。

默克尔出生时，第二次世界大战结束还不到 10 年。枪林弹雨的硝烟尚未散尽，分别以美国和苏联为首的两大军事集团早就开始了针尖对麦芒的对峙，即长达近半个世纪的"冷战"。作为"二战"的发动者和战败国，当时的德国不但在道义上落人口实，在战争中的过度消耗也导致国衰民穷。

为了惩罚"二战"的始作俑者德国，美、英、法、苏四个主要战胜国经过长时间的讨论，决定将德国通过侵略手段获得的领土物归原主，同时确立了拆分德国的计划，以彻底根除德国再次发动战争危害世界和平的可能性。这一决定，当然也有战胜国出于维护自身利益的考虑，但客观上也顺应了世界人民对和平的需要，而此时的德国在道义上毫无话语权，所以分割计划得以顺利实施。

战争一结束，美、英、法、苏四国就组建了对德管制委员会，这一机构成为接下来数年内德国的最高权力机构。美、英、法、苏四国各派代表进驻委员会，所有关于德国的问题都必须经过这个委员会的审查批准，并且只有在四国取得一致意见的情况下，关于德国的问题才能加以解决。四国将德国一分为四，德国东部、西部、南部、北部，分别成为苏联、法国、美国、英国的占领区。

随着时间的推移，"冷战"局势开始升级，四大占领国内部矛盾开始显现，特别是美国、英国、法国构成了事实上的联盟，在德国问题上刻意孤立苏联，以期把苏联势力排挤出德国。美国、英国、法国提议把三国占领区合并，这样一来，苏联在德国问题上根本没法与三国竞争。毫无意外，这一提议遭到了苏联的强烈反对。

1948 年 3 月，苏联宣布退出对德管制委员会，以不合作的态度阻挠美国、英国、法国合并占领区提议的实施。同年 6 月，苏联设立在柏林的城防司令中止了在柏林指挥部的工作，而柏林指挥部作为美、英、法、苏共同筹办的柏林管理机构，发挥着市政府的作用。苏联城防司令的退出让柏林局势为之一变，而这只是暴风雨前小小的闪电，其后更大的危机接踵而来。

为了报复美国、英国、法国的敌视，苏联在东部柏林的驻军封闭了东西柏林的所有通道，这样一来划归在美国管辖下的西柏林无法通过通常的陆上交通获得物资供应。为了保证西柏林的稳定，美国和法国、英国不得不采用空降的方式向西柏林投放粮食等物资。这样的僵局持续了一段时间后，双方都对彼此深感头疼，为了避免对峙的紧张局势升级，双方决定改变多国共管的模式，彻底确立在德国领土上成立两个国家的方针。

1952 年，德国东部领土上的民主德国解散了境内的原有各州，仿效苏联成立 14 个专区，成为亲苏联的社会主义政权。德国西部的联邦德国也渐渐行使主权国家的权利，成为亲美的资本主义国家。

民主德国和联邦德国并存的局面，一步步加深了德国的分裂，而苏联和美国的政策则对分裂趋势起到了推波助澜的作用。1954 年 3 月，苏联宣布民主德国成为完全意义上的主权国家，可以自行决定对外关系和国内事务，也包括和联邦德国的关系。与之相应的，联邦德国也获得了表面上的自主权，可以自己处理国内外的关系。

然而事实上，作为大国逐利的工具，无论是民主德国还是联邦德国，都不得不唯背后的庞大势力马首是瞻。联邦德国在 1955

年加入以美国为首的北大西洋公约组织，民主德国在一个多星期后也成为以苏联为首的华沙条约组织的成员，由此，联邦德国和民主德国正式成为"冷战"的参与者。

在默克尔出生的那个年代，相较于民主德国，联邦德国的经济更为发达，国土面积更大，人口也更多，因此很多居住在民主德国境内的德国人纷纷移居到联邦德国。但默克尔的父亲却带领家人从联邦德国迁到民主德国。

默克尔的父亲名叫霍斯特·卡斯纳，出生于 1926 年 8 月 6 日，职业是一位牧师。在民主德国的教会中，卡斯纳牧师有着非常重要的地位。当时卡斯纳所领导的瓦尔德霍夫牧师学院，在柏林勃兰登堡州有着非常大的影响力，许多研究神学的专家都会到勃兰登堡来，由此，大部分牧师都见过卡斯纳，跟卡斯纳有过交情。是时，卡斯纳掌管牧师学院 30 年，故而有不少人认为，他实际掌握着教会的人事权力。且不论这是否属实，卡斯纳的确在教会和统一社会党的合作中扮演着一个非常关键的衔接人角色。

随着政府对教会的限制越来越重，东德的牧师们也在思考如何应对这样的局面。1969 年，教会众人已经取得普遍共识，唯一能做的就是合作，"我们不是要对抗它，我们是要让它变得越来越好，越来越公正"。

彼时，在教会与东德政府存在纷争的情况下，卡斯纳能走到那一步，的确非常不简单。

作为牧师，卡斯纳是个非常博学的人，他能同时与来自各地的神学家交谈。其次，他是个自信而又冷静的人，他相信自己的选择，并不会改变也不会后悔。

在东德的生活，卡斯纳一直是隐忍的。在那个敏感的时期，家庭的特殊性给卡斯纳一家的生活带来了不小的影响。他们都懂得如何控制自己，懂得如何在严格的限制内最大限度地达成自己的愿望。

默克尔后来曾回忆，正是因为在东德的生活带给她的影响，才使得寻求自由的观念在她的内心根深蒂固，她想要自由地说话，自由地思考，自由地达成自己的愿望。

卡斯纳一家的每个人都是这么被教育的。这就让默克尔在以后的行事过程中，把关注点放在了如何达到更好的效果上。

政治局面的严峻，并不会过多地妨碍默克尔普通的家庭生活。父亲严谨执着，母亲勤劳善良，童年美好的生活，少年要好的朋友，都让默克尔在重重压力下感到满足。在如此复杂背景下成长起来的默克尔，大概必然要有令人惊讶之举吧。

带着信仰去东德

默克尔出生的时候，德国的分裂已是无可改变的既定事实，融入时代潮流的每个人，都被打上了鲜明的时代印记。

1954 年 7 月 17 日，默克尔出生于联邦德国的汉堡，但仅仅几周后，就被父母带到了民主德国的勃兰登堡州。她的牧师父亲在经过慎重考虑后，做出了从联邦德国移居到民主德国的"惊人"决定。就这样，尚在襁褓中的默克尔被母亲赫尔林德·卡斯纳放在一个大手提筐中，带到了勃兰登堡州普里格尼茨一个叫凯威查的小村庄。

之所以说默克尔的父亲卡斯纳移居的决定"惊人"，是因为民主德国在向苏联学习的过程中，也把宗教看成是一种"精神鸦片"。宗教虽然没有被绝对禁止，但肯定是不受欢迎的。

此外，统一社会党为了握紧自己手里的权力，要求教会彻底变为宗教性质的团体，不能拥有过大权力，并且在许多层面限制了其发展。在这样的情形下，东德的基督教会面临着非常严峻的局面，要求教会与统一社会党合作的呼声越来越高。

尽管现在已经很难得知当初卡斯纳在教会中究竟采用了什么方法促成了教会和统一社会党的合作，但不可否认的是，卡斯纳确实支持过这一合作。

通常情况下，牧师在面临是否要向当局妥协的问题时总会思虑良多，毕竟牧师的家庭不同于常人，不论是在当时特殊成立的国家还是在一个社会主义国家。其中，必须做出决定的主要在4个方面：要不要参加德国选举？要不要接受来自全国阵线"教会小组"的邀请？子女要不要参加成人节？子女要不要加入少先队和共青团？其中，全国阵线是指全东德的所有社会团体组织的集合，除了它，只有基督教这一个教会是单独被列出而又被承认的存在。成人节，主要是工人组织创造的与基督教会的"坚信礼"分庭抗礼的节日，实际上两者都是成人仪式。

卡斯纳在面临这几个抉择时，明显经过了一定的挣扎和改变。1962年之后，他才去参加选举；他接受了全国阵线"教会小组"的邀请，还发表了自己的演说；不过据闻默克尔没有参加成人节，她是在之后接受了坚信礼；对于要不要加入少先队和共青团，夫妇俩商量之后认为，应让孩子们自己决定。

如此，总算是渡过了难关。

随着合作的开始，教会和统一社会党的关系开始缓和。卡斯纳一家人的生活也开始有了起色。卡斯纳良好的合作态度，为其赢得了来自统一社会党的更多便利，其中包括拥有两辆汽车，一辆是公车，另一辆是私家车，且他们还拥有出国的特权。后来，随着两德统一时代的到来，卡斯纳开始推荐更多人加入新的政权组织，比如社民党、基民盟。他总是说，试试看全新的政治会给我们带来什么吧。但令人惊讶的是，直到最后，这位牧师也没加入任何一个政党。

当时的社会形势如此险峻，卡斯纳做出这种选择的真正原因难以探寻，从他之后的人生选择和默克尔的回忆中，似乎能发现一些蛛丝马迹。

默克尔曾对自己父亲的选择做出这样的评价："他希望教会能够从虚无的精神中脱离出来，注重现实。"卡斯纳之后的举动也表明，是民主德国的执政方式吸引了他。尽管面临着艰苦的环境和诸多意想不到的困难，卡斯纳仍然跟随着那些愿意走向民主德国的神职人员，开始未知的生活。当时，他接到的工作通知是前往勃兰登堡州的小村凯威查担任牧师。

卡斯纳在凯威查的生活只持续了短短的 3 年时间，之后他被教会派往滕普林的瓦尔德霍夫从事培训教职人员的工作。比起凯威查来，瓦尔德霍夫的条件绝对称得上天堂，默克尔自己也认为，它和著名的罗腾堡不相上下。

一眼望去，绿意盎然，阳光透过树叶的缝隙，留下星星点点的痕迹，田野里新绿的稻苗泛着金黄的光泽，在重重绿色掩映的背后，还能瞥见经历过时代风霜的斑驳石墙的影子。默克尔与家人在这里住了很长一段时间，她和弟弟妹妹们的童年生活即是在此度过。

在回忆到父亲的决定移居的选择时，默克尔说："我绝对没有责备过我的父亲，因为将我的生活与那些在西德的表兄妹的生活进行对比之后，我发现自己的童年有着相当的价值。"

默克尔的母亲也同样如此。她知道这位一家之主的决定很难更改，对她而言，更烦恼的是如何让孩子们得到尽可能好的教育和生活。

在政治方面，家里人很早就得出结论：东德社会难以为继。尽管在这上面达成了共识，但默克尔的父母也鲜少具体说起这个。在这种环境的熏陶之下，默克尔从小就对政治充满了兴趣，只是在东德，这样的兴趣毫无得到满足的可能。

这种压抑显然让默克尔有些难以承受。被问及当时究竟生活在怎样的社会里时，她回答道："我生活在一个不能越雷池一步的空间，生活在一个有高度自制能力的时空。"加上外出的艰难，默克尔没有办法自由地前往西德，没有办法自由地获取来自世界上其他国家的信息。麻烦的手续与规定也让西德的许多朋友打消了来探望默克尔的念头。而她之所以还能控制住自己留在东德，则是因为仍然能获得西德的书籍，看西德的电视节目。

正是由于有过这样的生活经历，默克尔不停地思考，究竟怎样的社会制度才能让人们获得自由，才能不压抑人们各方面的能力，才能最大限度地实现每个人对生活的期待和希望，才能让这个社会更高效地运转。这些问题最终归结到一点，就是对自由的追求，这也是默克尔在最初的执政理想中最重视的一个部分。这个铁娘子，小时候便让人刮目相看。

"必须永远比同龄人出色"

环境塑造人，思想改变人。

默克尔生长的环境，让她感受到了内心被隐藏的一隅里最鲜亮的色彩。她宛若一支蕴含七色的画笔一般，注定要给这个世界一点颜色看看。

在全家移居到东德之后，卡斯纳的牧师身份让妻子赫尔林德失去了教师的工作。索性，她在家相夫教子。

父母为默克尔取名叫安格拉，并开始教默克尔基础教育的内容。几年后，默克尔多了一个妹妹和一个弟弟，她们家在母亲的经营下成了一个微型幼儿园。

自幼时起，默克尔得到的大部分教育都来自母亲。赫尔林德在联邦德国时就从事教育工作，当时她并不太愿意到民主德国，但出于对丈夫的爱，她还是跟了过来。

赫尔林德对孩子们非常温柔，孩子们也很爱她。她深知教育事业的重要性，也知道其中需要相当的技巧。她要求每个孩子在回家之后都告诉她在学校发生了什么，从而及时解决孩子们可能遇到的问题。孩子们也非常喜欢用这种方式跟母亲沟通，每天总会花上一两个小时倾诉。默克尔后来曾提到，这样的倾诉时间让她非常享受，直至今天，也仍感谢母亲能给她这样的机会。

与此同时，适当的严厉措施也是必需的。

卡斯纳家里有各种各样的惩罚方式，扣掉零花钱、关禁闭，严重时还会扇耳光。另外，一旦哪个孩子发烧，就算痊愈了，也得继续在床上躺3天才被允许出门，这是制度。

默克尔作为大姐，一直很好地扮演着这个角色。她崇尚和谐，只要弟弟妹妹们不做出非常出格的举动，她都理解。她始终把握着这个平衡标杆。后来，卡斯纳在接受采访时也确认了这一点。无疑，大姐的头衔让默克尔很享受，这是敦促她具备领导才能的开端。

到了上学年龄，默克尔进入了当地的学校，勤奋认真的个性很快为她赢得了名列前茅的好成绩。语言方面的学习自然不在话下，数学等对逻辑要求较高的课程也是她的长项。她唯一的软肋是体育，身体协调性也比同龄孩子差了很多。后来，她回忆起自己在运动方面的缺憾，常直言自己就是个运动上的"小笨蛋"。

父亲的工作性质还给默克尔提供了一些一般孩子得不到的生活经历——跟残障孩子朝夕相处。凯威查当地有一个专门收容残障孩子的学校，作为当地的牧师，卡斯纳承担起了经营这家学校的任务。在卡斯纳的运作下，这些残障孩子在农业、园艺、打铁、制鞋等方面各有所长，同时经常到卡斯纳家帮忙做一些家务。

当其他人对接触这些残疾人怀有心理障碍时，默克尔跟他们正进行着正常的交往。在跟这些残疾人交往中默克尔认识到，一个人的尊严跟身体的健康并无必然关系，健康与否并不能成为一个人是否能够正常生活的标尺。

默克尔从不放弃对自己的约束。自开始上学，她就非常勤奋努力，总在别人嬉闹的时候学习。

默克尔对语言有着非凡的天赋，借由语言的助力，她还特别善于察言观色，大抵这正是她日后成为政客的基本素质之一。

她知道如何遣词造句才能最好地达到自己想要的效果，也知道什么样的措辞才能最让人满意。有得必有失，如此圆滑世故，也让她在处事中非常紧张，总思考着自己的表现是否得当，不要让人抓到把柄。这般来看，小小年纪便如履薄冰，也实在辛酸。

进入高中，她的语言天赋得到了更彻底的发挥。她在俄语奥林匹克比赛中获得了胜利。教授默克尔俄语的老师艾丽卡对自己的这个学生评价非常高，认为她是自己遇到过的最聪明的学生，虽然默克尔并不太感谢这位老师。

当被问到究竟是什么带来了俄语学习的进步时，默克尔回答说，是与那些在滕普林附近驻扎的苏联军官的交流让自己很快掌握了这门语言。这让老师非常失望，觉得自己的教育没有得到默克尔的肯定。

除了俄语，默克尔处处显现出了"女汉子"的气质，她的数学很拿手，甚至参加数学奥林匹克比赛并一路达到国家级别。自然学科对她来说也易如反掌，但一旦涉及动手方面，她就显得非常吃力。无论是绘画还是手工都显得笨手笨脚。对于音乐，默克尔自己也觉得非常差劲，但据她的同学回忆说，默克尔在这方面还不错，想来也许是同学们都不擅长音乐，当然，不排除默克尔是谦虚的。

默克尔的外婆住在联邦德国的汉堡，她对外孙女很是疼爱，总是隔三岔五从汉堡寄来一些东西。默克尔最喜欢的是外婆寄过来的牛仔裤等衣物，她总是穿着那些心爱的牛仔裤，戴着在民主德国少见的太阳帽，享受众多羡慕的眼光。

等家里的小妹妹出生后，她便有了自己的房间，这让她非常开心，毕竟，在不爱被拘束的年纪，她能随心所欲地和朋友们举办各种各样的活动。

卡斯纳夫妇十分尊重孩子的隐私，间或送给大家点心之外，基本上从来不打扰他们。这样轻松的成长环境，即便放在如今，也足以羡煞许多跟父母斗智斗勇的疯狂青少年吧？

在回忆起童年成长经历的时候，默克尔说，父亲的那句"必须永远比同龄人出色"，她一直都铭记于心。弟弟妹妹出生后，她扮演了传统意义上的大姐角色，帮父母分担了照顾弟弟妹妹的部分责任。这也是她觉得自己出色的表现之一。

学生时代，默克尔的生活非常普通，没有特别令人印象深刻的举动。毕竟，在那样严峻的社会形势之下，普通已是一种幸福，何必去冒自讨苦吃的危险呢？

默克尔人生中真正遵从自己意志做出的第一个决定，是在是否加入共青团的选择上。

默克尔拥有牧师的女儿这种特殊身份，可卡斯纳夫妇绝非老顽固，他们仍让女儿做出自己的选择。于是，一向喜欢集体的她选择了加入，而她的表现也非常优秀，在同学们眼里默克尔就是那样一个在各个方面都争当第一，但本人却非常低调的人。

默克尔的父亲在关键时刻选择了民主德国。如非拥有坚定的信念，是不可能在如此艰难的时刻做出这样的选择的。毫无疑问，卡斯纳是一个拥有强大力量的人，这份力量也丝毫不差地遗传给了默克尔。拥有信仰，让默克尔走得更远、更广。

被"冤枉"成叛逆少女

用"波澜不惊"来形容默克尔的青年时代是很恰当的，今天她能站在政治舞台上发光发热，便不可否认她年轻时即是个很有主见和思想之人。在其少女时代，发生了很多让人感到不可思议的事件，其中的一波风浪，让她开始引人注目起来。尽管这件事给不少人留下了很深的印象，但是对默克尔来说，实在只是一件小事。

接受采访时她提道："就算这件事当时给我带来什么影响，

比如我因此受伤之类的，现在也早就忘得一干二净了。"而事实上，从默克尔在学校的表现来看，她成为这件事的发起者和组织者的可能性也是非常小的。

那是发生在1973年，默克尔升入大学前夕的事。

1968年，越南共产党的学潮事件在世界范围内产生了非常重大的影响，不管是西德还是东德都受到了一定波及。联邦德国为了避免自己与北大西洋公约组织的关系出现隔膜，在许多国际发言上都谨慎小心，避免过多批评美国，对国内也加强了控制，许多西德的学生都对此憋着一口气。但在东德便完全相反。

民主德国要求民众对越南共产党表示支持："要与我们的同胞——越南人民——站在一起！"遗憾的是，即将进入大学的默克尔和同学们对这个没什么兴趣。

彼时，按照要求，每个班都必须参加为声援越南共产党举行的文艺汇演，当时默克尔所在的十二年级二班全体团结一致拒绝参演。卡斯纳得知此事之后，警告女儿：你们全班有可能因此无法进入大学，就算你们现在已经拿到录取通知书也无济于事。除此之外，你们班还会被学校公开在广播中批评。

最后，十二年级二班妥协了，表演了一个朗诵节目，内容是克里斯蒂安·莫根施特恩的诗歌："人啊，好好看看你们现在的样子！哈巴狗一样，和墙头草没区别，谈何自尊！"此外，他们班还用英语唱了《国际歌》。这样的"妥协"表演引起了轩然大波，在当时看来，这是对学校、对统一社会党的挑衅。而随后举行的家长会则让事态进一步恶化，不少老师在家长会上批评家长们，觉得是他们唆使孩子们穿着西德的衣服来上学，而家长们则抱怨其根本不知道为孩子们选择衣服是多么艰难的事情。为此，不少家长在家长会还没结束时就提前退场了。

事态影响扩大，班里的同学们受到了调查。默克尔是其中的一名参与者，不少"有心人"想要找出她是领导者的证据。不过，当时的十二年级二班非常团结，他们坚持这是一项集体活动，没有任何领导者，出了任何后果都由他们全体承担。

所谓"法不责众"，班级学生并未受到惩罚，他们的班主任却倒霉了，因此被调离。直到今天，这位班主任仍不愿说起任何关于自己曾经的学生默克尔的事。

校方总是要息事宁人的，为促进事情的和平解决、避免让学生们陷入不能读大学的窘境，大费周章。卡斯纳也非常忧心，还为此去找了大主教帮忙，大主教则把这事儿报给了更高一级。最后，十二年级二班的全体学生收到了来自教育部的警告信。信中严厉批评了他们在此次活动中的所作所为，认为他们的行为严重损坏了学生在公众中的形象，给学校造成了非常不好的影响。这不仅让他们自己蒙羞，还让他们的家人、老师、同学都被人鄙视。

信件措辞严厉，可也是雷声大雨点小，信里提到此次批评并不会被纳入学生的操行评语。这也是学生们关注的重中之重。有了这句话，学生都放下心来。

而参与其中的默克尔也只是普通的一分子而已，并没有任何脱离团体的感受，实在是被"冤枉"成了叛逆少女。

校长加布里艾尔后来证实说，当时的形势对年轻的默克尔而言之所以很严重，是因为一个牧师的女儿很容易被当作事件的始作俑者。后来，国家安全部的调查显然也想证明默克尔就是那个牵头的不良分子，但好在默克尔平时人缘不错，班上没有任何一个同学为了撇清自己而跳出来指认她。全班同学高度团结，出了事，所有人都想一起扛。

在家长会上，事件接着升级，这次是发生在教师与家长之间。学校的态度相当强硬，引起了不少家长的强烈抗议，结果一批家长集体起立离开了会场。当时，卡斯纳先生非常担心，因为没有人比他更了解自己的身份会给女儿带来些什么，他很怕女儿会就此失去上大学的机会。卡斯纳回忆说："这是我一生中做出的最大胆的抗议行为。当时，我有个很有关系的朋友，他告诉我，如果我还不去找上边的人，这件事恐怕很难解决了。"

默克尔回忆起这件事情时总结说，在统一社会党领导之下的国家就是这样，如果在某一个层面上事情办不通了，就得去找上一级告状，把希望寄托在上级的判断上。卡斯纳先生于是找到了自己的上司——大主教舍恩黑尔，他通过舍恩黑尔大主教向统一社会党中央负责宗教事务的书记汇报了这件事，同时还给统一社会党专区领导写了一封请求信，把默克尔负荆请罪似的带到柏林交给民主德国教会最高法律专家、当时的教会监理会成员、现今负责东部建设的联邦交通部长施托尔帕。这些部门的介入使得国家安全部的调查有了顾忌，事情终于开始向好的方向发展。

至于校长加布里艾尔，当年的学生们对他的看法比较全面。

默克尔的一个高中同学在汇演那天正好缺席，所以幸运地没有卷入此次事件。他说，加布里艾尔很机智，在与魔鬼打交道时能看透魔鬼的诡计，警告但不记入毕业操行评语这一点恐怕也是他的功劳，总的来说，加布里艾尔还算是一个很为学生们着想的好校长。

而加布里艾尔对那件事的看法是，国家安全部对于事件的处理过于生硬，不符合教育学思想。他们根本不给学校时间，也从未想过从教育学的角度来考虑解决问题的办法。学生们的行为的确是在挑衅，但不是政治挑衅，所以当然没有必要把整个事情从政治角度上纲上线。他还说："假如没有这件事，如今默克尔又如何证明她曾反对过那个国家呢？这件事是她求之不得的命运的馈赠。"同时他又指出，那所高中的确是"干部铸造厂"，学生很难被录取，因此教师们也都觉得有义务帮助学生以优异的成绩毕业。假如在毕业考试前已经分配下来的大学名额再被取消，对学校来说是很难堪的。

这一事件的主要参与人——默克尔的同学凯博内沃尔多年后接受采访时说，当时的做法确实有些不对，也确实有很多纰漏，学生们完全没有意识到这两个节目中所包含的内容有什么不妥。可是在学校看来，这不仅是对校长的挑衅，更是对上任不久的县督学的挑衅。

"墙"这个词，在特定的政治环境里显得格外可疑。再加上诗歌的创作者莫根施恩是个资产阶级作家，默克尔和她的同学们排练的这两个节目当然会引来国家安全部的全面调查。学校既要应付政府，又不能让自己太过丢脸，因此在处理这件事务上总显得有些吃力，而且国家安全部当时也没有给学校太多的时间反应，事情闹大也就在情理之中了。

篓子捅得这么大，后果还如此严重，可默克尔丝毫没有激进愤怒的行为，她恰当地将自己埋藏在人群之中，尽管也有非常危急的时刻，也面临着可能无法顺利上大学的危险，但她仍然不动声色地颔首于人群之中，真叫人刮目相看。

从隐于人后到走出人群非常简单，难的是如何摆脱人群的目光并藏身群体之中。在学会前者之前，默克尔就已先学会后者，这是她日后政客身份的杀手锏之一——既能恰当地发挥自己的作用，又不因太过出色引来注视。这一点，在她后来进入基民盟以及逐渐步入政坛的过程中发挥了非常重要的作用。

文艺汇演事件只是虚惊一场，这一事件却无疑对默克尔的人生选择产生了很大影响，她越发反感这个缺乏必要的言论自由的国家，也越发痛恨自己有些与众不同的身份。但是，在当时的情况下，她无法反抗，只有尽可能地韬光养晦，而这则是促使她选择放弃继承父亲的事业，转身投于并不真正热爱的自然科学的又一个原因。

2

政治上的"看客"

"杠上"物理学

大学生涯对每个人的一生影响至深，对默克尔也不例外。

1973 年高中毕业以后，她需要选择大学与专业，经过反复考虑后，她最后选择了远离家乡滕普林的莱比锡大学，研修物理学，自此走上一段自然科学之旅。

物理学的严谨性、科学性对默克尔从政后的稳重、富有原则性的政治作风影响颇深。远离了家乡、父母，也使其更早被迫自立。

很多人在选择大学和专业时，总是拿捏不定、反反复复，折腾许久，默克尔亦然。在众多的考虑因素中，城市、大学、专业明显是主要的因素，只是每个人的第一因素会有所差别，加之其他一些千奇百怪的理由，组合起来即是每个人选择大学和专业都有着完全不同的经历。

默克尔选择了莱比锡大学的物理专业，毕业之后可以做什么工作呢？继续研究，成为一个物理学家？还是普及基础物理做个老师？抑或是做个需要点物理知识的技术工人？当然，现在来看，抛开物理学的理论和实验，带着物理学背后的哲学思想做个国家总理似乎也是个不错的选择。

默克尔选择莱比锡大学，足够遥远的距离肯定是理由之一。默克尔的父母从小就对她要求严格，年少时背负的压力可想而知。年轻人总想着离开父母，耳边少些唠叨，自由自在，默克尔当时颇有大千世界任我闯的豪气。

默克尔去莱比锡上大学之际，距离柏林墙建立已12年，两德人民之间的心墙也已渐渐稳固，甚至在宗教信仰方面都有体现。基督教新教，在民主德国被认为是资本主义社会的落后的宗教信仰，终究会随着社会的进步而消亡。

由于父亲是基督教牧师，默克尔从小就有很多不愉快的经历，这更促使她向往有开放气氛和自由思想的大城市，但当时东德的大城市屈指可数。柏林毕竟离她的家乡和父母太近了，只有80公里的距离而已。莱比锡作为蜚声国际的博览会之城、书城、音乐之城，拥有比较开明的氛围，而且足够远，在莱比锡生活上几年，正是最佳选择。

莱比锡大学位于萨克森州，创立于1409年，不仅在民主德国，在整个欧洲都是最古老的大学之一，也是当时民主德国最大的大学。其建校数百年来，有着光荣的历史，无数著名学者曾在此任教，如化学家彼得·德拜、物理学家沃纳·海森堡、历史学家特奥多尔·莫姆森和心理学家威廉·冯特等。莱比锡大学自身也培养了大批的著名毕业生，如天文学家开普勒之师第谷·布拉赫、诗人约翰·沃尔夫冈·冯·歌德、哲学家弗里德里希·尼采、作曲家和钢琴家罗伯特·舒曼等，包括日后留名校史的安格拉·默克尔。

有着如此光辉传统的莱比锡大学，对年轻的默克尔自然具有巨大的吸引力。物理系是莱比锡大学首屈一指的专业，其物理研究所曾有 4 位教授获得诺贝尔物理学奖。默克尔刚进入莱比锡大学物理系时，依然有阿托尔·洛舍、维尔纳·霍尔茨穆勒这样享誉世界的物理学家在执教，这对默克尔未来的发展自是推波助澜的。

在默克尔选择物理专业的原因中，还有一点很重要——家庭因素。中学时代的默克尔最喜欢的是俄语、英语。遗憾的是，在东德，基督教牧师被禁止做老师，而默克尔也受此牵连，以后做不了老师。因此，默克尔若选择自己最喜欢的语言、心理学专业，就业将有很大难度。

至于物理，默克尔对其有着爱恨交错的感情。中学时，她的物理科目成绩最让人脸红。其实，她对理论物理兴趣浓厚，爱因斯坦的相对论，"美国原子弹之父"罗伯特·奥本海默如何想出制造原子弹的理论，以及其他理论物理都令她神往，物理理论背后的哲学对其也有很大诱惑力，只是，她的实验物理能力很平庸，甚至糟糕透顶，动手实践的科目从来都不是她的强项。可即便如此，她还是拜倒在物理专业上，因为有一个至关重要的原因左右着她，即选择物理学可以得到学校的推荐，选择语言、心理学则不会获得推荐，甚至有可能不被录取。

基于以上原因，默克尔放弃了她最喜欢的语言和心理学，甚至她还曾犹豫是否学习医学，莱比锡大学的医学也是蜚声世界的，可这些都与她没有缘分。

至于和大部分民主德国内的牧师家庭子女一样，子承父业，选择神学，默克尔自始至终不曾考虑过，她一直觉得从事宗教性事业索然无味。她不喜欢严肃地站在讲台上，让孩子们起立学习基督教的课程。她曾说，她很尊敬父亲做的牧师工作，可尊敬不代表继承，每个人都得有自己的生活，世界才会精彩。如此，默克尔开始了十几年的物理学求学和研究生涯。

莱比锡的青葱岁月

大学本是崇尚自由、思想开明的地方，但在当时的政治环境下，整个民主德国的大学都被严格控制，包括默克尔求学的莱比锡大学也未能幸免。莱比锡大学当时叫莱比锡卡尔·马克思大学，就是最好的佐证。

莱比锡大学在"二战"期间受到了严重的破坏，大约60%的建筑和70%的藏书毁于战火硝烟，此后就一直在重建校园。默克尔入学的5年前，莱比锡市议会决定新建一些大学校舍，可这个看似美好的重建计划险些酿成政治事件。

为了新建大学校舍，市议会居然决定炸毁战争后弥留的珍贵的老教堂和一些残损的老教学楼。那座始建于1240年的"多明我会"修道院教堂和莱比锡大学的老建筑群，竟就那样被炸毁。

1973年7月3日，在芬兰首都赫尔辛基，全欧洲国家（除了阿尔巴尼亚）、美国、加拿大一起参加的欧洲安全与合作会议（欧安会），给东德人民带来了希望和安全感。欧安会对于东德人民远比对西德意义重大。欧安会承认欧洲现有边界，主张和平解决边界争端，加强人员往来。赫尔辛基会议的最后文件，在各国首脑签署后公布。虽然不具有法律效力，但西德代表赫尔穆特·施密特和东德代表埃里希·昂纳克两人见面的照片流出，这足以让东德人民兴奋一阵子。民主德国的知识分子和教会，甚至已经在考虑如何依据赫尔辛基会议的最后文件来改革东德。

自由民主之光就要来临，天真的快亮了吗？随着埃里希·昂纳克成为统一社会党的第一总书记，人民对自由的希望之火顷刻间被泼上了一盆冷水。统一社会党内的顽固派根本就没有改革的想法。随着党内政策的收紧，东德人民刚刚看到的希望之火熄灭，民众纷纷抗议。为了稳固局势，统一社会党便拿那些走在最前沿的呐喊抗议者开刀。

统一社会党为了实现严格控制大学里意识形态的目的，设置了与教学机构完全平行的党组织机构。大学的党委书记负责传达、实施上层的党的路线、政策。莱比锡大学的历任党委书记中，当属日后担任高等教育部部长的汉斯·约阿希姆·伯梅最为有名。

莱比锡大学各系也都设有系党组织，有系党委书记，且系主任由高教部部长委任。年轻的大学生总是有激情澎湃的时刻，在这样的氛围下，好多学生也都成为党员。但同样年轻的默克尔却没有加入统一社会党，她有着自己的考量，其谨慎、沉稳的性格由此可见一斑。

莱比锡大学的课程设置，同样也反映了政治管制的问题，所有学科必须修习马列主义，默克尔所在的物理系也不例外。好在她的老师们并不是特别在意马列主义的条条框框，而是将更多的注意力放在物理学本身。享誉世界的物理学家阿托尔·洛舍、维尔纳·霍尔茨穆勒正在学校执教，且物理系的老师们也更重视学科本身，如此，默克尔也有了一个较好的学习环境。

多年后回首大学生活，默克尔也表示大学生活的确是在学习当中度过。不过，连物理学这样的自然学科都要修习马列主义，其他科目也就可想而知了。只是，到目前为止，依然没有发现默克尔曾经写过的关于马列主义的文章，统一社会党在思想领域的控制无疑是很严格的。

默克尔一直喜欢富有挑战性的工作，有难度的工作更让她斗志昂扬。当初选择物理，也有这方面的考虑——探寻物理现象及理论背后的哲学，是一个诱人的研究。

物理学的确不易，可默克尔很容易便学会了理论物理，并融会贯通，只是动手实验依然困难重重。起初的两年，她顿感学习艰难，经过时间的积淀才慢慢适应。其他的学科，默克尔学起来倒是驾轻就熟，当然，体育或许是唯一的例外。直至今日，默克尔依然清晰地记得当年的百米跑及格时间是 16.1 秒。她并非不喜欢体育，而是不太喜欢速度太快的运动。

课余之际，默克尔也积极参加集体活动，加入了被称作是"统一社会党的可靠助手和后备力量"的自由德国青年团。学校的学生若想获得重视和参加集体活动，就必须加入青年团。青年团虽然最终的目的是向年轻人宣扬马列主义，但组织的活动不局限于此，舞会、音乐会、戏剧均在组织活动的范围内。默克尔曾经担任过一段时间的青年团文化委员，其核心工作即是订戏票。

　　莱比锡大学的青年团结构和党组织结构类似，每个系有基层团委，全校有总的青年团委。每年夏季，团委总会安排学生们做些公益性质的工作。默克尔在学校时，修复一个破损的防御城堡——莫里茨古堡是学校的当务之急，修复完成后，打算用作学生周末的休闲之地。

　　每到夏季暑假，默克尔都会有十多天的时间参加这项工作，不过直到她毕业，这个大工程也未能竣工。默克尔后来回忆说，每天都是挖土，刚开始还觉得很有趣，时间久了总是感觉自己在做苦力，且不曾设想过有一天这座古堡真的会修复好。现在的莫里茨古堡，已经成了莱比锡大学生周末放松的好去处，舞会、酒吧、餐馆一应俱全。

　　求学时期，默克尔的表现得到了大部分老师的盛赞，很多老师提到她，基本的评语即是正直、勤奋。默克尔很有主见，老师若有哪里说得不合理，她会毫不犹豫地指出；做事也有条不紊，富有计划性。在同学眼中，默克尔合群、易于相处，也不炫耀，不爱出风头，这种稳重、低调的性格使她很受同学欢迎。

　　不过，校园里的默克尔并没有展现出突出的组织、协调的能力，也没有给她的同学或老师留下拥有政治才能的印象。或许，默克尔隐藏了政治才华，是因为她没有找到一个认同的党派。

　　多年后的今天，默克尔取得了非凡的政治成就，并还在续写着传奇。在她的政治工作中，沉稳、谨慎的处事风格，严谨、富有逻辑性的思考方式，都令人印象深刻。严谨、果敢、沉稳的科学家性格，多次拯救了默克尔的政治生命，帮她渡过了各种政治危机与旋涡。如此看来，她所得到的一切，或许还真要归功于当初不怎么喜欢的物理学与科研了。

科学家的"政治嫌疑"

对于大多数人而言，大学毕业后的第一份职业总是很曲折，默克尔如是。毕业后的她最先是打算去拉斐尔的一家化工企业工作，不久觉得兴趣索然，便放弃了这份工作。

随后，默克尔考虑去一家物理企业工作，结局也是不了了之。原因是，默克尔觉得那里的日常工作内容和自己在大学里进行的学习研究缺乏关联，这样一来，自己所学便没有了用武之地。当时，东德的政治体制以及各大政党并不被默克尔欣赏，故此从政是更不可能了。或许，默克尔正是审慎地考虑到了最后一点，才将后来的求职重心放在了大学和研究所上。

默克尔决定申请做大学学员的助教，毕竟在莱比锡的大学时光整体上还算愉快，她对大学生活极富感情。于是，她选择了图林根地区的伊尔默瑙理工大学。

作为一所早在 1894 年就已建立的理工类大学，伊尔默瑙理工大学有着相当出色的物理学与实际应用结合方面的研究传统，这让默克尔觉得很满意，她也有信心搞定一切。

可惜的是，伊尔默瑙理工大学的助教应聘谈话却是一次很糟糕的交流。多年后，默克尔依然能记得十分清楚。伊尔默瑙理工大学负责招聘的人员透露，默克尔的个人安全档案早已在他的手中，他对默克尔的底细非常了解，大到在莱比锡大学的学习科研、政治表现，小到日常学习生活的点点滴滴，全部都在那本当事人从不知晓的安全档案中。

在这次谈话中，默克尔才得知自己生活在一个完全被监视的国度，如同暴露在公众面前的"裸体者"，这让她很气愤，但也很无奈。气愤之下，默克尔终止了这次谈话，离开了伊尔默瑙理工大学。

随后，默克尔把目光转向了民主德国科学院，这是政治审查稍微宽松一些的地方，也许不会拿安全档案说事儿。

民主德国科学院是全东德所有自然科学科研单位的总组织，脱胎于1701年莱布尼茨创建的勃兰登堡选帝侯科学院，下设60个研究所，有25000多名从业人员散布在整个东德。

统一社会党为了严格控制整个东德的意识形态，自然也把科学院笼罩起来。整个科学院的科学家都只允许进行科研工作，禁止与大学生接触，当局害怕资产阶级科学家把反动思想传递给年轻的一代。

民主德国科学院里的科学家中的确有不少人有资产阶级背景，但统一社会党需要利用科学家们的知识，因而倒也没有人身迫害。

久而久之，因为不能接触到大学生，当局觉得资产阶级科学家们的危害不那么大了，便放松了管制。但由于科研经费没有着落，冷冷清清的科学院里长满了漫腰身的荒草，完全一派荒凉景象。可这份荒芜，却滋养了默克尔。

果然，这一次没有过多的政治审查，默克尔顺利得到一份科学院柏林物理化学研究所的工作。

当时民主德国一共有9个物理化学研究所，默克尔所在的柏林物化所最大。不算后勤及普通的实验人员，仅从事科研工作的科学家就有336名，默克尔不过是其中一名不起眼的小研究员。进入研究院的默克尔，在路茨·措里克领导的物理化学领域干了很多年，直到获得博士学位前都没有换工作。

柏林物化所位于今天的鲁多大道两侧,离默克尔的住处并不遥远。每天清晨,默克尔都会沿着柏林墙走到物化所。科学院早上 7 点 15 分开始工作,默克尔不得不早早起床,这一习惯持续多年。从政后,记者们——包括她的同僚,都曾为默克尔过早起床而叫苦不迭,这意味着他们要起得更早。

物化所的工作并不是那么顺心。刚进科学院的默克尔甚至没有可以谈心的朋友,寂寞笼罩在她的心头,不过这也正常,每个人换了新环境,在最初都很难交到朋友,只不过默克尔不善言辞,交友速度更慢罢了。

心灵寂寞之外,那里的生活也非常清贫。研究员们的薪水低得可怜,甚至要攒好几个月的钱才能买一双高档皮鞋,更别说大衣之类了。科学院学术氛围不自由,科研器材极度缺乏且落后,这让默克尔连走科研道路的信心都受到打击,职业前途显得十分渺茫。

也许是物质生活的匮乏,也许是没有朋友的困扰,每天来回经过柏林墙下的默克尔,在初踏科学院的日子里,总是那么茕茕孑立、郁郁寡欢,没有了在莱比锡大学时的神采。直到有一天,有人问她是否愿意在物化所的青年团里做些工作,才算撬开了她内心紧闭的幽怨大门。她欣然接受了那些额外工作,毕竟那是能交往更多朋友,更方便地参加集体活动的最有效办法。

默克尔在青年团的工作职务是文化委员,主要的职责是组织大家读书,譬如苏联一些作家的作品,也负责订剧院的票,还组织一些集体讨论会等活动。与默克尔对自己在科学院青年团担任文化委员的描述相比,她曾经的部分同事提出了异议。

默克尔后来从政的同事京特·克劳泽就曾说过,默克尔在科学院青年团的工作，不只是文化方面的工作，其负责的工作更富有政治性，其是在东德统一社会党的领导下，利用政治理论知识欺骗人民，甚至曾经担任过德国自由青年团的专区级别的领导。

这种说法让默克尔无端面临着巨大挑战，人们也好奇默克尔在科学院期间是否曾"变节"，为东德政府所用。对此，默克尔的解释很简单，她称，京特·克劳泽的这一说法来源于自己所在科学院曾经的一位同事，她对自己印象不佳，故而夸大事实、添油加醋地胡说，然后通过京特·克劳泽之口来报复自己。

默克尔的另一位同事——汉斯·约克·奥斯滕则给出了对默克尔较为有利的说法。奥斯滕当时是统一社会党的党员，统一社会党是德国自由青年团的上级机构。当时兼任物化所青年团团委书记的奥斯滕表示，默克尔确实做过负责文化方面工作的文化委员，至于是否曾利用政治理论煽动人民，是不能确定的。

对于此事，双方各执一词，默克尔又禁止任何人翻阅她的安全档案，所以也就没有了确凿的证据。根据默克尔谨小慎微的性格，以及她对于东德政治保持安全距离的一贯做法来看，她很可能没有从事过政治性的工作。而且，两德统一后，奥斯滕在汉诺威大学做教授，这番话出自没有政治利益冲突的奥斯滕之口，要比京特·克劳泽的说法可信度高，且克劳泽说出这种话时，正值默克尔得势期间。由此，到底孰是孰非，或许明眼人一看便知了。

参加了物化所青年团工作以后，默克尔的生活更加忙碌。她结交了不少朋友，参与并组织了很多集体活动，这成功地帮助默克尔走出了初进科学院的失落，她开始慢慢地与科学院的同事建立起了很好的私交。此外，默克尔还组织了一些令统一社会党不悦的活动，如讨论关于自杀的问题。这些比较负面的话题与当时统一社会党所鼓吹的全民努力发展生产、积极昂扬向上的社会精神极不相符。

事实上，默克尔加入青年团，并非为了政治发展，其仅仅是为了排解初入科学院的寂寞。若是为了政治发展，直接加入统一社会党无疑更为有利。况且，青年团的自动退团年龄为30岁，默克尔进入科学院的时候已快25岁了，实在是看不出有为政治前途考虑的迹象。加之当时很多活动只能通过青年团这一组织才能实现，70%～80%的青年人都参加了该组织，倘若默克尔刚进科学院的时候就有朋友的话，就不会为了寻找朋友而去参加青年团了。

是时，东德的物质极度匮乏，连买个面包都要排长队，给子女买衣服都要父母亲自带着子女，以确定子女确实存在。住房更是紧张得不行，以柏林地区为甚。默克尔当时寄住在科学院同事杨娜·格莱尔那里，但如此下去并不是长久之计。

也许是上帝眷顾，默克尔在柏林离市中心不远的赖因哈德街上发现了一套空置的房屋。房屋看上去长期无人居住，门窗紧锁，到处落满灰尘，而东德的房管局好像遗忘了这间房子一样。就这样，默克尔有了新住处。

说默克尔不善辞令，也许只是性格中第一种特质而已，不善言辞不代表不善交际。她再搬家时，科学院青年团的朋友中近半数都来帮忙，可见她在青年团内的人缘相当不错。甚至于，就连清扫、粉刷、搬运日用家居等大量工作，以及购买家具、书橱、窗帘等用品，都得益于那些朋友。

收拾妥当，默克尔还需去警察局上户口，每一间房屋的主人都是记录在案的，由东德的国家房屋管理局管理。在科学院朋友的建言献策下，默克尔找到了一个好方法：在警察局下班的前几分钟去上报户口。这一招果然灵验，警察局工作人员着急下班，没有过多地询问盘查，就把这间无人居住的房屋写上了默克尔的名字。

此后，默克尔一直居住在这间"捡来"的房屋，多年以后拆迁，默克尔甚至还因此分得了一间位于柏林的普伦茨劳贝尔格区滕普林大街的房子。

日后，默克尔曾说加入青年团是一项无意义的举动，但在青年团的工作，也的确让她摆脱了沉闷的心境。更重要的是，在这个组织里，默克尔收获了更多的友谊，这也许是她本人都料想不到的。

自由青年团是一个政治性组织，但默克尔实际参与的活动多数没有太强的政治性，尽管这次入职政治团体，让她后来遭到更多猜忌性非议。

西德"穷游"

1989 年柏林墙倒塌之前，东德人民被禁止自由前往西德。最终，难以忍受的东德人"用脚投票"——脱离东德，进入西德，以行动表达自己的不满。

默克尔没有参与脱离东德的自由活动，并非因她对东德的体制有所认同，而是逃离东德需要付出的代价太昂贵，有时甚至会搭上生命。虽说"若为自由故，二者皆可抛"，但这样铤而走险，对从小就练就一身伪装技能、性格谨小慎微的默克尔来说，还是有点不值当。

事实上，身在东德的默克尔还是比较"吃香"的：虽然牧师女儿的身份给她带来了一些麻烦，但也正因父亲是神学院的院长，她得以在父亲的藏书屋里看到大量西德"禁书";她在汉堡还有一个姨妈,因为有西德亲戚的缘故,她接触了大量西德的商品、音乐、书籍等,所以她对西德并没有到无比向往、不去不行的地步。默克尔说她从小没有穿过东德的衣服,想来也是真实可信的。

在当时的社会背景下,申请合法前往西德旅行的机会几乎为零。颇为戏剧性的是,在这样的状况下,默克尔还是在柏林墙倒塌之前,获得了一次前往西德的机会:汉堡姨妈家的表妹要结婚了。这在当时算是为数不多可以通过的理由之一。于是,默克尔在 32 岁那年,踏足联邦德国。

表妹婚礼结束后,距离返回的期限还有数日,这一次默克尔乘坐了西德的特快列车,前往博登湖地区的康斯坦茨看望一位逃离了东德的同事。默克尔被西德的火车深深地震撼了,舒适、整洁而且平稳,飞驰在原野中的西德火车和慢腾腾的东德火车简直是天壤之别,不过西德人好像并不懂得珍惜,他们穿着鞋站在椅子上的做法让默克尔很生气,这完全是身在福中不知福。

中途站的闲暇空隙,面对商场琳琅满目的各种商品,并不富裕的默克尔还是大肆购物了一番,享受康斯坦茨夏季购物的种种打折福利,她共花费了 50 马克,这笔钱对于东德人来说并不算少,可她仍位属穷游者行列。

1988 年时,东德人均年收入仅为 1270 东德马克,而西德人的人均年收入为 3850 西德马克。即使不考虑东德马克的贬值等问题,一比一兑换,东德人的收入也不到西德人收入的 1/3,且在默克尔前往西德旅行时,西德马克并不允许随意兑换,当局只允许兑换可怜的一点点。

旅行途中,默克尔遇到的大部分西德人都很友善。当时,西德人对于东德同胞的遭遇寄予了相当大的帮助与同情。在柏林墙西边，有大量的西德民众帮助逃离东德的同胞。可凡事有例外，小部分西德人的言语令默克尔很受伤。这些人嘲笑东德经济落后，每次东德人来西德商场，就是购买一些廉价的水果、衣服、玩具等商品。他们认为自己高东德人一等，这让默克尔感到反感和挫伤。

默克尔此次的西德之旅发生在 1986 年，被柏林墙分开不过 25 年，这个曾经统一的国家，已经存在严重的内部歧视。直到数十年后的今天，情况依然如此。虽然现在德国在体制、法律等层面已经统一，但在东、西德人民内心依然还有心结。曾经的东、西德人民，需要更多的时间磨合。

默克尔最终没有选择以非法滞留的方法留在西德，她带着 50 马克的商品，以及对西德经济的赞叹，还有对柏林墙的思考回到了民主德国，继续着淡如白水的科学院生活。

其实，离开了东德并不意味着获得新生，虽然得到自由，可也意味着东德工作、事业的牺牲，家人朋友难以再见，以及进入西德后的歧视等。脱离东德的人，在东德追随者眼中是"背叛者"，在部分西德人眼中则是"失败者"。

年轻的默克尔依旧扎根在东德，依然每天兢兢业业地工作。不过，在东德政治环境和周围同事、亲友的影响下，默克尔的政治理想开始慢慢展现出来。她利用闲暇时间，开始大量收听阅读来自西德的广播和政治读物，以此来思考东德的政治体制等社会问题，考虑东德的未来出路，保持自己的头脑清晰，不被东德当局洗脑，不至于被压力压垮。可以说，是这次旅行点燃了默克尔的政治火把，她体内的小宇宙也准备爆发了。

养肥政治幼苗

在默克尔进入民主德国科学院工作之时，东、西两德分别所属的"华约"和"北约"成员国之间进行了新一轮的政治军事对抗。为了对抗美国为首的西方阵营，苏联加紧控制周边国家，其中阿富汗地处欧亚大陆的地理中心，更是苏联制衡美国的重要棋子，控制了阿富汗，意味着把控了欧亚大陆东西陆路的交通要冲。

"二战"以后，苏联为了在阿富汗建立亲苏政权，不惜于1973年7月支持亲苏势力发动武装政变。新上台的政权当中依然存在着亲苏、离苏的派系斗争，在1979年9月的派系斗争中，主动出击的亲苏派被一网打尽，自此离苏一派占据上风。

在苏联领导人勃列日涅夫看来，多年苦心经营的阿富汗正在脱离控制，为了避免这一情况的发生，苏联于1979年12月29日入侵阿富汗，一时间苏联风头出尽。只是，任何事物都是在其达到鼎盛的同时走向衰败，阿富汗战争对苏联来说就是这样一个转折点。

苏联的这一举措，饱受西方国家和大量中立国家的诟病与谴责，而这正中美国下怀。

在美国的带领下，联合国内掀起了对苏联声讨的浪潮，联邦德国当然也在其中。在1980年举行的莫斯科夏季奥运会上，国际奥委会承认的147个国家地区中，仅有80个国家参加，苏联领导下的民主德国参加了这次奥运会。

为了报复，1984的洛杉矶奥运会，以苏联为首的19个国家也同样拒绝参与，东德再次跟随了这一行动。非政治的体育充分地表现了政治形势的紧张，不小心的擦枪走火甚至都可能导致第三次世界大战。

1980年10月13日时，统一社会党的最高领导人昂纳克在格腊提出的几点建议更是加深了东、西德之间的矛盾。"格腊条件"主要是：东、西两德在劳恩堡－施拿肯堡地段的边界以易北河为界，变双方的常驻办事处为正式的大使馆，解散设在萨尔茨吉特对民主德国来说不合法的罪证搜集中心，最后要求西德承认东德的国家地位。现在看来，"格腊条件"完全是为了让东、西德彻底分裂。

尽管当时的东德执政党依然强力控制着社会的方方面面，但年轻一代的思想已经越发动摇。为了缓解剑拔弩张的氛围和反抗东德的高压统治，年轻的基督徒在衣服肩膀处绣上了"化利剑为犁头"的标志，希望东、西两德能化干戈为玉帛。一向不轻易展示自己政治倾向的默克尔，没有绣上这个标志。此时，西德的经济发展迅速，人民的物质生活水平甚至超过了英国，仅有一墙之隔的东德人民却依然生活在"一年4个鸡蛋"的社会中。这一切，都在东、西德人民的秘密往来中流传。

东、西两德的紧张关系，同样影响了被严格控制的科学院。只是，相对于风云变幻、千钧一发的政治形势，默克尔的工作环境算是相当平淡的。她在措里克领导的理论物理化学领域工作了几年，每天就是看书，然后和周围的同事讨论，运用理论和公式对实验室里的数据进行验证。除此之外，她还参加了多个新项目的设立、开发。在工作之余，她还忙里偷闲地攻读了博士。默克尔的学习、科研生活很充实，可高压的政治环境令人抓狂，她身边的某些同事已经受不了了，准备离开东德，这都会对她造成思想层面上的影响。

是时，离开民主德国有三种途径：

第一种是逃离。直接进入西德是不可能的，柏林墙边看守森严，一不小心就可能丧命在边防军人的枪口下。只有一条充满危险的路可以选择，从东柏林出发前往波兰或者捷克斯洛伐克，毕竟都属于"华约"组织，比去资本主义国家轻松一些，再由此进入匈牙利，最后再辗转至西德。这条路看似安全，可依然危险，一旦失败，将面临多年的监狱生活。

第二种是依赖基督教会的帮助。通过东、西德基督教会合作的途径，以教会赎买的形式，被买进西德。东德基督教会同样被统一社会党严格控制，虽然有不少东德人通过这种途径脱离了民主德国，可毕竟数量有限，需要漫长等待。

最后一种方法是申请合法进入西德的机会。无论以何种理由，进入西德以后再不回到东德即可。可此法有些矛盾，因为东德当局只把这种机会给确定会回来的人。

当时的东德人，根据自己的情况采取相应的逃离措施，默克尔虽受到影响，可仍坚持不动摇。也许，她还需更丰满的政治力量来"鼓动"自己。

默克尔阅读了大量政治体制批判分析类书籍，其中对默克尔影响最深的莫过于前联邦总理路德维希·威廉·艾哈德所创立的社会市场经济学。路德维希·艾哈德认为，对于社会，主要的原则是：自由是第一位的，自由是市场和经济繁荣的保证和原动力；其次，为避免无节制的自由泛滥，国家应参与其中适时控制；国家公民也应提高个人的修养，加强教育，这样才是民族更为深远的未来出路。

其实，路德维希·艾哈德的理论就是"中庸主义"，不走极端是其特色。路德维希·艾哈德的观点为默克尔所欣赏，不仅促使她对当时的东德政治体制和经济有更深的思考，更对其从政后的政治主张影响较深。

庭院幽静，天地翻覆。就在默克尔于科学院内安静度日之际，外界却逐渐发生着剧变。剧变从领导苏联20年之久的总书记——勃列日涅夫去世开始。

1982年11月10日，勃列日涅夫突然在自己的公寓内去世，苏联这艘巨型航母失去了掌舵的船长，迷失了方向。随后上台的安德罗波夫和契尔年科也都因为体弱多病，无法带领苏联人民前进，在5年内相继去世，让苏联陷入万劫不复的深渊。

契尔年科去世之后，年富力强的戈尔巴乔夫上台，执掌苏联政权。此时的苏联早已是千疮百孔，由于多年军备竞赛，苏联经济已濒临崩溃。临危受命的戈尔巴乔夫面对苏联帝国的惨淡之境，不得不提出改革方案，否则等待他的只有末路。

戈尔巴乔夫也没有灵丹妙药，只是形势逼人，根本由不得他考虑。现在看来，戈尔巴乔夫的改革是导致苏联解体的直接原因，其实他也只是一颗被历史洪流推着走的棋子，没有人可以逆流而动。当苏联自身难保时，自然就放松了对周边国家形势的估计。

在戈尔巴乔夫改革的大背景下，东欧国家均开始了本国的社会改革。波兰、捷克斯洛伐克各国国内响起了要求改革的声音。民主德国执政党——统一社会党也在周围环境、国内经济压力的情况下，开始着手改革。

东德领导人昂纳克和西德领导人科尔，在苏联总书记契尔年科的葬礼上相遇。两人的主要目的都是向新上任的戈尔巴乔夫示好。这次会面，是东、西两德关系缓解的转折点。在会面一年后，东、西两德签署了一份文化交流方面的友好协议。同年10月6日，西德的萨尔路易斯和东德的艾森许西施塔特两市结为友好城市，这有重大的历史意义，是东、西两德在分裂多年后的第一对友好城市，这在过去是难以想象的。

由于东、西德的经济差距，东德越发依赖西德。

以往，当局可以毫不理会东德人民要求自由前往西德的呼声，甚至镇压游行示威的人，但如今经济依赖西德的东德政府不得不考虑西德人的话，西德希望可以开放两德之间的自由行，东德也只能做出让步。1985年，获批前往西德的东德人为66000人，一年后猛增至140万，东德人民似乎看见了自由的未来。

每个政权在它行将就木之前，总是会做困兽犹斗，统一社会党也不例外。统一社会党对内实行更为严格的高压政策，镇压了大量的反抗运动。1987年，民主德国首领昂纳克在访问联邦德国时说："我访问西德时所走过的红地毯，奏起的国歌，升起的国旗，就表明东德是一个得到主权承认的国家。"

国内的统一社会党虽顽固，可东德的人民仿佛嗅到了政治自由即将到来的气息，就像万物生机勃勃是因雨季和阳光到来一样，人们开始大规模、周期性地游行示威。大批东德人逃入西德、波兰、捷克斯洛伐克等国家的外交使馆中寻求政治庇护，而西德也大幅度开放东德人移居西德的人数。整个民主德国均掀起了游行示威的浪潮。

东、西德正在经历着历史性的变革。

　　此时的默克尔，心里也在经历着前所未有的蜕变。工作之余阅读的书籍、报刊，收听的政治广播，让她在这几年里深刻思考了东、西德的体制、经济等各个方面。科学院里枯燥平淡的生活，却没让她变成一位科研工作者，而是催化了她从一名充满热情的政治爱好者，向一名有自己政治主张、观点的政治家过渡。

3 我是默克尔

柏林墙的"新奥义"

20 世纪 80 年代末，东、西德之间的政治局面风云变幻、波诡云谲，两德人民都在盼望着新局面的到来。可东德政府的一意孤行在此刻大煞风景，对于东德政府的强势政策，社民党总理候选人奥斯卡·拉封丹认为：当前大多数东德人民并不希望看到这个国家的末日，而是对这个长期积弱的国家抱有自己固执的认同感，希望能看到未来，但是如果统一社会党依旧这样走下去，必将会自取灭亡。事实也确如拉封丹所言，东德政党自己走上了一条不归路。

戈尔巴乔夫刚开始他的苏联改革时，大部分民主德国人十分兴奋，认为经济的转机快要来临了。绝大多数东德人虽向往自由和旅行开放等权利，但依然有相当一部分人并没有想到两德会统一，那毕竟太过遥远，东德人只是寄希望于戈尔巴乔夫的经济改革能成功，从而创下"苏联模式"，可供民主德国学习，以改善自己的物质生活。

不幸的是，苏联多年的军备竞赛导致经济积重难返，戈尔巴乔夫的改革失败了。在改革露出败象的那一刻，民主德国领导人昂纳克清楚地认识到，戈尔巴乔夫领导下的苏联正在走向失败，分崩离析已在眼前。昂纳克认为，如果东德再跟着苏联这艘航母前行，必将迷失在这片雷电交加的海域。作为舵手的他深知，自己有必要带领东德走出阴霾，尽量保持与苏联的距离。昂纳克的确是一位富有前瞻眼光的领导人，他本人虽然也是问题多多，但至少在为自己心中的社会主义信仰不懈努力着。

与此同时，统一社会党内派系斗争严重。苏联已露败象，但党内依然有大量亲苏派。亲苏派为了拉近与戈尔巴乔夫的关系，改变政治局势，发动统一社会党中央政治局举行了党内的讨论会议。当时的党内二号人物，即统一社会党柏林区的第一书记——沙博夫斯基成功逼迫昂纳克在 1989 年宣布辞职。

自此，东德最后一位统一社会党总书记克伦茨上台。

克伦茨也是一位强硬派，迫于国内民众的压力，他开始了大刀阔斧地改革：赦免了所有外逃和参与游行的东德人；正式与西德政府接触；最后甚至提出要进行自由选举。他一再拉回失败的形势，但东德人早已伤透了心，不再相信统一社会党，且克伦茨是因选举舞弊而上台，信任危机让他亦是费力不讨好。是啊，东德人已等待得太久，早已没人愿意听克伦茨的"胡言乱语"了。

更大的国际压力也考验着东德政府。奥地利和匈牙利经历了本国的社会改革以后，双方共同决定全面开放奥匈边境，大批滞留在边境的东德人由此进入西德。如此，克伦茨必须做出更大的努力。

为了顺应绝大多数东德人自由旅行的意愿，克伦茨决定率先解决旅行签证护照等问题。按照他最初的想法，东德人需要每人办理一个护照，拥有护照后，将省去烦琐的出入境检查，可以自由旅行。克伦茨将这一决定在统一社会党的政治局会议上拟成文件，交给参加会议的沙博夫斯基。

原本，这一决议将在1989年11月10日发布，但克伦茨忘记叮嘱会议后将要参加记者发布会的沙博夫斯基，在10日凌晨之前需要保密。沙博夫斯基在不知道这一决定需要在10日发布的情况下，于1989年11月9日晚19点07分，当着大批媒体发布了这一决定，且沙博夫斯基匆忙之下领会错了文件内容，将原本只是关于全面办理护照的规定，发布成不需要任何手续即可自由前往西德。

就在沙博夫斯基宣布旅行自由的一刹那，全东德所有在电视广播前的人们沸腾起来了，人人不顾外面凛冽的秋风；破门而出，冲向街头，奔走相告。很快，成千上万的东德人会聚在一起，激情昂扬地谈论这一激动人心的消息。

柏林街头也挤满了兴奋的民众，难掩激动之情的东柏林人决定当晚就要去西柏林逛街，人潮涌向了心头痛恨的柏林墙。

起初，大家害怕防卫军会开枪，害怕苏联军队会出现，但对自由的向往盖过对死亡的恐惧，东德人也许是被压抑的时间太久了，开始有人试探性地靠近，发现没有出现任何阻止，统一社会党军人没有出现，苏联军队也没有出现。

人们拿起手边的锤子、榔头等铁器，愤怒地砸向控制了自己28年零3个月之久的柏林墙，随即墙体发出阵阵声响，像在控诉一段血与泪的历史。很难想象当时的人怎么会拥有那么强大的力量，厚度超过15厘米的柏林墙，可以抵挡装甲车冲击的柏林墙，却挡不住向往自由的东德人民的拳头。万众齐心下，冷战的标志——柏林墙轰然倒塌，灯火通明的西柏林大街的灯光照亮了黑漆漆的东柏林……

默克尔在这一历史时刻表现得并不积极，甚至可以说是有点迟钝。晚上宣布决定的时候，默克尔正和女性朋友按照以往的习惯蒸桑拿，这真是有点让人啼笑皆非。蒸完桑拿以后，回到家的默克尔对她母亲说：以后我们可以去凯宾斯基吃牡蛎了。当然，并不是默克尔有多喜欢吃牡蛎，而是去西柏林吃牡蛎代表了一种自由。推门而出的默克尔，受到街上人群的影响，也涌入了西柏林地区的街道。

当晚，默克尔一改平时的习惯，和友人们喝了不少啤酒。她进入了西柏林的波尔豪莫大街，兴奋中的她想打电话给她在汉堡的姨妈，告诉姨妈柏林墙已经倒塌，以后可以自由来往东西德。可她没有找到电话亭，说实话，找到了也无济于事，因为她身上根本没有西德马克。

后来，默克尔又和其他人去了一家西柏林家庭做客，在那里给汉堡的姨妈打了电话。其他人兴奋地还要前往选帝侯大街，默克尔则没有去，早早地回到了家中，因为第二天她还要早起上班。

在柏林墙倒塌后的那几天，整个东西德都炸开了锅，大家都在讨论政治。可默克尔并没有想那么远，她当时甚至没有想到两德会统一。默克尔在最热闹的几天里，竟还兢兢业业地去波兰进行科研活动，也许她反应得太过波澜不惊，但这恰是她的品质。日后，默克尔的沉着冷静在政府工作中得以完美展现，让周围人赞叹不已。

回到东德后的默克尔在与同事的交流中才真正地意识到：东西两德真的是要统一了，这已经成为难以阻挡的趋势和潮流。这一刻，默克尔体内蕴藏多年的政治热情被引爆。多年来，早已对东西德社会各方面做了甚多思考的默克尔，认为自己负起责任的时刻到来了。

早年，默克尔就对路德维希·艾哈德创立的社会市场经济学深感认同，苦于当时的政治环境并不成熟，如今柏林墙的倒塌让这一切有可能成为现实。默克尔抱着让自己的思想大众化，让更多人认同自己思想的想法，踏上了政治之路。

默克尔决定加入一个政党以实现自己的抱负。她第一个考虑的政党是社民党。

默克尔与当时科学院的领导克劳斯·乌尔布利希一起出去寻找政党组织，他们俩旁听了一次社民党的党内会议，后来克劳斯·乌尔布利希加入了社民党，而默克尔没有加入。

当时，社民党的党内情况是：所有成员之间都相互称作"同志"，且要一起高唱"兄弟们，拉紧手，向着自由、向着太阳走"这样的歌。大部分东德人由于对过往统一社会党的反感，都难以接受社民党的这些做法。默克尔对社民党基层党代会也不太满意，因为一切看起来都像是已安排好的，让别人按着安排好的方式进行就可以了，这是默克尔忍受不了的。

在柏林墙倒塌前期，大批西德的政治组织渗透进来，其中有新论坛组织、民主觉醒组织等。受平均主义影响甚深的默克尔，将自己的政治处女秀献给了民主觉醒党。在那个动荡的年代，加入一个政党的程序极为简单。民主觉醒党的入党仪式只是大声喊一句"我决定加入民主觉醒党"。混乱的政治状况也是后来找不到默克尔加入民主觉醒党材料的原因。

作为年轻的政党，民主觉醒党的政治纲领起初并不明确，主要就是追求自由、分权；主张保留社会主义制度中的可取之处，不排斥其他制度；财产分割方面，主张多种制度并存；最后追求德国的统一。

默克尔在解释自己为何加入民主觉醒党时表示，其实当初并没有对各大政党有成熟深远的考虑，同时民主觉醒党党内有大批知识分子和有见识的人，这是很诱人的。在民主觉醒党内，默克尔也做了一些事情。在党内工作中，她第一次亲手打开并包装了一些西德产的计算机。在当时还没有其他宣传手段的情况下，她打印了一些民主觉醒党的传单，站在街口，由行人任取。

默克尔加入民主觉醒党时期，东西两德朝着统一的方向快速前进。德国统一这一方案，得到了美、苏的支持。默克尔自己也强烈地感觉到，德国的统一即将来临，德国马克也将不再有东西之分。

出彩的新闻发言人

两德统一的形势不可逆转，但局势的发展速度大大超出了多数人的预料。

为了争取在德国统一后有更多的支持率，民主觉醒党决定参加1990年民主德国的人民议院选举。这是民主德国消亡前的最后一届人民议院选举，也是默克尔参加的第一届选举。

民主觉醒党并不是单独参选的，毕竟不是成熟的大党，其和东部基民盟、西部基民盟、德国社会同盟组成了选举联盟，共同参选。同年 2 月，默克尔暂时辞去了科学院的工作，全身心投入到民主觉醒党的选举工作中。此时的默克尔，只是抱着过来帮忙的心态，殊不知自此走上了职业政治的道路。

民主觉醒党太过自信了，党主席施奴尔认为民主觉醒党将在 3 月 18 日的人民议会选举中获得巨大成功，有的党员甚至觉得会获得 20% 的支持率。正是基于这样的错误估计，民主觉醒党决定推举自己单独的候选人，不与竞选同盟拥护同一个候选人，这样就可以不用和东部基民盟、德国社会同盟分割固定的议院席位。除此之外，民主觉醒党在东德拒绝使用东部基民盟、德国社会同盟的选区力量，心高气傲的民主觉醒党人自以为是地认为，德国社会同盟曾经和昂纳克的统一社会党结盟，他们不屑与之为伍。

彼时，默克尔在党主席施奴尔的办公室打杂，没有明确的职务。至今，默克尔还对施奴尔的工作方式表示失望，在她看来，施奴尔在日常工作中缺乏基本的合作精神，在时间规划方面也很糟糕，这种工作的无计划性让科学家出身的默克尔相当不舒服。当时，默克尔断言，这样的人不可能在政治上有所作为，后续发展也的确如此。

施奴尔的无计划性让他整天忙忙碌碌，却又在接待重要客人时没有时间。那天，康拉德·阿登纳基金会代表团来访，财团基金的支持是选举中的重要一环，甚至可以说是选举方的"衣食父母"，可施奴尔依旧没有时间接待，便让正在身旁工作的默克尔顶上去。默克尔很吃惊，觉得自己的身份不适合去，结果施奴尔漫不经心地说："你以后就是民主觉醒党的发言人了，这下身份合适了。"

如此，稀里糊涂的默克尔在人民议会选举前夕，担任了民主觉醒党的最后一任新闻发言官。这对默克尔是个巨大的考验，她以前从来没有接触过新闻工作。不过向来做事稳重、踏实的默克尔很快适应了这份工作，且完成得十分出色，叫人刮目相看。

后来有的记者回忆，在当初各大政党的新闻发言人当中，默克尔算是比较独特的了。默克尔总是穿着黑色的百褶裙、黑色的上衣，脚踏一双普通的平跟凉鞋，可从不在意穿着的默克尔给记者留下了很好的印象，记者们总是说默克尔才是了解当时东德最可靠的信息来源。声音不高、语速平缓、有问必答、突出重点，是默克尔在做新闻发言官时的显著特点。

默克尔得到了不少记者的赞誉，绝非外在表现，她若无一定之规，恐怕早就倒在舆论之下了。能担当重任之人，必定有过不俗的经历。作为民主觉醒党发言人的默克尔，一样要经过重重考验。当时有一条爆炸性新闻，曾让默克尔感到十分棘手。

民主觉醒党党主席施奴尔被曝在统一社会党时期为秘密警察工作过。首先披露这一消息的是《图片报》的记者彼得·布林克曼，他花费10万马克的重金从前安全部工作人员手中购得这一消息。不过，《图片报》并没有公布所有材料，因为该报副总编辑是施奴尔的新闻顾问，他成功说服《图片报》总编辑"稍安勿躁"。遗憾的是，《明镜》周刊没有再给施奴尔留后路，该周刊做了一期关于此问题的专题，并公布了长达260多页的材料。证据确凿，施奴尔的确曾经为东德的秘密警察工作过，民众一片哗然。

这对默克尔的新闻发言工作提出了严峻的考验，她每天都需面对大量记者提问的关于施奴尔的尖锐问题。默克尔自己也感到生气，毕竟刚刚加入民主觉醒党，党主席就被曝出这样的事情，且是在大选结果出来前夕，实在令人气愤。

不过，默克尔也并不感到震惊，她早已有了"每个人都可能为东德秘密警察工作过"的心理准备，那段岁月太过阴暗，有人屈服也在情理之中。但作为一个政党首脑，施奴尔的过往实在太不给力。此时，默克尔展示出了不俗的政治眼光，她认为，如果民主觉醒党不放弃施奴尔，整个党都可能毁掉。于是，默克尔和同事们私底下决定处理这位党主席。可还没等默克尔他们出手，施奴尔自己"觉醒了"，主动离开民主觉醒党，离开了德国政治，不知所踪。

3月18日，人民议院大选结果公布——民主觉醒党所在的竞选同盟获得大胜，倾向于推进统一的基民盟获得了40.8%的支持率，德国社会同盟获得了6.3%的支持率，而民主觉醒党只获得0.92%的支持率，低得可怜。当时还没有5%的议会门槛，故此民主觉醒党很边缘性地获得了4个最后一届民主德国人民议会的席位。

按理说，民主觉醒党败得很惨，但因之前结成的竞选同盟获得了大胜，故此民主觉醒党也举行了庆祝胜利的庆功宴，只是会场气氛实在冷清，组织内部的人也知道自己并没有对竞选同盟的大胜贡献出多少力量。默克尔受不了这种"精神胜利"之下的庆功宴氛围，转身去了真正热闹的基民盟庆功会。在那里，默克尔遇到了东德基民盟主席洛塔尔·德梅齐埃的堂弟托马斯·德梅齐埃，她还不忘嘱咐对方日后在基民盟组织内阁时，不要忘记民主觉醒党的贡献。

默克尔的政治初秀，因为选择了一个并不成熟的政党而显得黯淡无光，然而在大选前 4 周，面对各种复杂问题，尤其是在党主席施奴尔的问题上，她作为新闻发言官的表现，还是为她赢得了不少赞誉和注意力，这也为她以后的政治道路铺设了必不可少的基石。

3 月 18 日，民主德国人民议会选举结束，东德的基民盟主席洛塔尔·德梅齐埃开始着手组建新内阁。按照议会选举获得的支持率，大多政党领袖都在德梅齐埃组建的联合政府中担任相当重要的职务，基民盟成员理所当然地占据了较多重要部门的领导职务。为了联合整个东德政党，获得广泛支持，德梅齐埃将一些重要部门的部长位置让给了其他政党，德国社会同盟作为当初的竞选同盟党，自然不在话下。

在组建联合政府初期，德梅齐埃没有对每个重要人选进行深思熟虑，他只是将每个空缺位置逐一填补。这样不够严谨的做法，也算给了默克尔机会。

早在联合政府组建开始，德梅齐埃就发现缺少一位政府新闻副发言人，虽然他觉得这个重要的位置由基民盟以外的政党人士担任比较好，但一开始是肯定没有考虑过默克尔的。

至于默克尔是怎样走进德梅齐埃视野的，说法不一。最离谱的说法当属默克尔的父亲在德梅齐埃耳边说了好话，不过这明显没有多少可信度，尽管卡斯纳在东德的基民盟内有一定的声望。而真正可以确认的是，民主觉醒党的主席埃佩尔曼确实在德梅齐埃耳边吹了吹风，提过这位下属，且默克尔在民主觉醒党做新闻发言人的表现也着实令外界满意。因此，德梅齐埃考虑将这一重要位置交由党外人士担任，并且最好是女性，以显示联合政府的多样性。

这一切考虑都对默克尔有利。政府新闻发言人蒂亚斯·格勒是默克尔的顶头上司，在与默克尔会面之后，格勒也对默克尔比较满意，就这样最终确认了默克尔出任政府新闻副发言人这一重要职位。

默克尔曾陪同总理德梅齐埃参加了斯特拉斯堡的欧洲会议，还见到了当时名震世界的"铁娘子"撒切尔夫人。其中最为重要的一次外出，当属亲眼见证了"2 + 4 协议"在莫斯科签署。

1990 年 9 月 12 日，东、西德和美、苏、英、法共同签署的这份协议，扫清了两德统一的最后障碍。在访苏期间，默克尔优秀的俄语得以展示，她在莫斯科地铁上做了问卷调查，了解莫斯科当地百姓对于两德统一的看法。这样的做法受到总理德梅齐埃的赞赏。

在担任政府新闻副发言人期间，默克尔一如在民主觉醒党担任新闻发言人一样，用她科学家的思维和处理方法近乎完美地完成了工作。社会各界都对她赞赏有加，甚至连反对党——统一社会党的党报《新德意志报》也不得不表示佩服。

默克尔依然是不修边幅，基本都是着灰色调的衣服，素面朝天地主持新闻发布会。在出访苏联期间，她甚至被德梅齐埃强制要求去买些正式服装。

默克尔在怀有远大政治抱负的同时，总是以科学家才有的特质步步为营，所以即使民主觉醒党失败了，人们依然能记得那个做了一个月的新闻发言人；东德政府解散了，总理科尔也能想起那位做了 6 个月的政府新闻副发言人。

毕竟，在这个世界上，机会总是留给有准备的人。

出人意料的选举

世间万事，瞬息万变。在不到一年的时间里，东、西德经历了从分裂到统一的历程。

1989 年 11 月 9 日柏林墙倒塌后，大批东德人涌入西德。在这样的情况下，时任西德总理的科尔提出了关于东、西德的《十点计划》，此计划一经公布，便激起千层浪。科尔主张，先加强东、西德的人员往来，最后过渡到德国的统一。

次年 2 月 13 日，东德总理汉斯·莫德罗首次到访西德，提出了与科尔《十点计划》相类似的"莫德罗体系说"。坚定地相信社会主义的莫德罗，希望能放慢东、西德统一的脚步。1990 年 3 月 18 日，东德首次自由人民议会选举落下帷幕，德梅齐埃总理上台。德梅齐埃本人更是不急于两德统一，甚至还打算推荐无党派人士施托尔帕出任东德总统一职，以此来延长东德政府的寿命。但这无济于事，仅仅 6 个月后，德梅齐埃认为可以保持东德人尊严的东德政府便永久性地消亡了。

东德马克是东德人民日常生活的保证，柏林墙倒塌后，东、西德最初的融合是在货币领域。

早在柏林墙还未倒塌的那些日子里，联邦德国就为每位进入西德的东德人准备了 100 西德马克的慰问金。东德经济停滞不前，20 世纪 90 年代的东德人还依然停留在 20 世纪 70 年代的生活水平上。与此对应，东德马克的价值在东德人心中比不了西德马克。

柏林墙倒塌以后，东德人民通过地下黑市，急切地将东德马克兑换成西德马克，造成了货币市场的混乱和地下黑市的兴起，这也是日后东德总资产缩水的一大原因。如此，统一货币势在必行。

1990 年 5 月 18 日，东、西两德在西德首都波恩签署了关于货币、经济和社会同盟的条约。官方开放一比一的东西德马克兑换窗口，条约于同年 7 月 1 日生效，东德马克退出货币市场。

8 月 31 日，东、西两德在柏林签署了《德国统一协定》，这份厚达 1100 页之多的协定规定了两德统一过程中的方方面面，但主要是为了确保较为弱势的东德的利益，协议于 10 月 3 日生效。

东、西两德的统一，在法律形式上有两种选择，一种是两国采用合并的方式统一，另一种是采用西德"购买"东德，东德人民自愿并入西德的方式。按照前一种，东、西德将讨论出新的政治体制、社会制度，并将产生一部全新的德国宪法。这种做法虽然能更好地讨论两德之间的问题和未来走向，是一种更理智的做法，但需要的时间较长。急切的人民并没有给政客们太多时间，所以这种方法被否定。

按照后一种做法，也就是当初两德采用的方法，则能在较短的时间内完成德国统一大业。根据东德人民议会的决定，东德自愿并入西德。统一的德国继续留在欧共体（欧盟）和"北约"组织内，消亡的民主德国则退出"华约"组织。政治体制采用西德体制，法律也以西德的基本法为基础，同时改掉部分对东德人民不利的条文。

33 天后，分裂近半个世纪的德国统一了。人们走上街头，庆祝这一历史时刻。这的确是值得庆祝的日子，但人们的心中不仅仅包含着喜悦，还有悲伤。因为统一后的国家基本照搬了西德的方方面面，这让部分老东德人感觉到自己生活了几十年的国度竟然没有一点可取之处。这份被"侵吞"的挫败感，直到今天仍然是部分老东德人心中的伤痕。

经济方面也带来了巨大的创伤。统一后的德国，经济在多年内始终增长缓慢，这是"并入式"统一的后遗症。统一后，由于老西德地区经济较为发达，大批老东德人离开家乡，老东德地区人才流失严重，劳动力短缺，进一步拉大了两方差距。为了缩小原东、西德地区经济发展不平衡的差距，德国政府每年都要投入大量人力、财力，一直到如今的默克尔政府，也从未停止过。

在德国政府的努力下，23年过去后，原东德地区人民购买力也才达到原西德地区人民购买力的80%。不过正如支持德国早日统一的默克尔所说：尽早统一才能尽快解决问题。的确如此，统一带来了复杂的经济、政治、心理问题，但如若不统一，谁又能料到以后的事情呢？或许德国将陷入长久的分裂泥潭。

在德国统一进程迅猛发展的这几个月里，默克尔也没有闲着，她首先面临的是政治身份的转变。

东、西基民盟和民主觉醒党决定合并。起先，民主觉醒党更想和西德基民盟合并，不过按照法律，必须先加入东德基民盟才能与西德基民盟合并。1990年8月4日，在东柏林特别党代会上，民主觉醒党和东德基民盟通过了合并的决议。

为了应对德国统一后的复杂政治局势，东部基民盟的主席德梅齐埃主动联系了西部基民盟主席科尔。最初，科尔对曾经和统一社会党走得比较近的东部基民盟并没有表示出善意，但出于政治大局的考虑，他还是答应组成全德基督教民主联盟，由科尔任主席，德梅齐埃出任副主席，并在基民盟内部成立了一个民主觉醒党工作小组。自1990年10月1日的全德基民盟党代会成立之时起，默克尔成为一名基民盟党员。

　　默克尔一边尽职地做着德梅齐埃政府的新闻副发言人，一边思考着德国统一后自己的政治未来。默克尔对于统一后的德国有自己的见解。为了能实现自己的政治抱负，建设自己心中的德国，她决定加入全德的议会选举。

　　政治游戏是相当残酷的，一个人的晋升必然意味着另一个人的离去。默克尔从正式参选一路走来，她的成功并非偶然，除了她自己的不懈努力，贵人的相助也是一大助力。君特·克劳泽即是默克尔从政初期的贵人。

　　1990年10月3日，根据《统一协定》，东德政府在这一天停止了工作。西德政府暂时接管了东德的各项工作，等待新一届全德联邦议会的选举结果。这一天，很多原东德的政府工作人员失去了工作。默克尔很幸运，在联邦新闻局获得了一个副处级的职位。这一职位的获得与君特·克劳泽有关。

　　德国统一前夕，克劳泽担任东德的总理府秘书，代表东德与西德的朔伊布勒进行谈判，最终签订了《德国统一协定》。默克尔负责此次谈判的新闻工作，克劳泽对默克尔的工作相当满意，这保证了默克尔不会因为政府重组而失业。

　　刚开始，默克尔自己寻找选区，但人口众多的大城市早已被各大政党拿下，因此默克尔将目标定在了离自己家乡近一点的勃兰登堡选区。勃兰登堡环绕着柏林，故乡在滕普林的默克尔想借用家乡优势在选举中占得先机，不过她被告知只能做第二候选人，排在彼得·米歇尔·迪斯特尔后面。默克尔最终放弃了这个选区。

　　选举已经开始，时间越来越少，默克尔依然没有找到选区。最终，她找到了克劳泽，希望他能够帮助自己。

　　克劳泽当时并没有将这个政治新手放在心上，认为默克尔始终不过是小角色，不会威胁到自己，而且东德总理德梅齐埃也强调在未来的联邦议会中，需要有更多的原东德人。因此，克劳泽全力帮助默克尔，做顺水推舟之事。

克劳泽建议默克尔在施特拉尔松、吕根、格利门选区竞选，她欣然同意。施特拉尔松和吕根选区的候选人早已确定，两位候选人都来自西德。施特拉尔松选区的候选人是联盟党的工作人员克劳斯·赫尔曼，而联盟党是基民盟与基社盟组成的联合政党组织。

距离选举仅 10 天，默克尔才出现在选区的宣传海报上，时间十分紧张。为了赢取选举，一方面，格利门选区的工作人员玩命地宣传默克尔，争取更多选票；另一方面，默克尔自己开始全力寻找另外两个候选人的漏洞。功夫不负有心人，默克尔最终找到了一个可以攻击竞选对手的地方：赫尔曼和策姆克都来自西德。

默克尔在东斯巴德普鲁拉的军官大学进行了激烈的竞选辩论和演讲，为自己最后的选票努力。不过，当时默克尔的形势并不理想。她的主要对手——来自吕根选区的策姆克比她表现得要出色，而且一锤定音的最后投票也在吕根选区。

占据各种有利条件的策姆克好像胜券在握，至少从形式上看的确如此。在第一轮投票结束之后，策姆克获得了最多的 140 张选票，默克尔只获得了 96 张选票。票数有些差距，可策姆克并没有达到绝对多数，投票需要进行第二轮。

此时已经很晚，策姆克依赖的吕根选区至少有超过 30 个选民回家了。晚上 11 点，第二轮投票结束。两轮下来，默克尔获得了 48.6% 的投票，在第二轮后反超了策姆克。就这样，默克尔成功地进入了 1990 年 12 月 20 日在波恩组建的联邦议会。

政治经验老到的克劳泽并非没有准备后手，毕竟他心里也没觉得默克尔能在这个联合选区获胜，还为她准备了后备选区，没想到最终居然没派上用场。历经重重困难，默克尔在幸运女神的关照下，终于赢下了直通波恩联邦议会的门票。

这个结果也出乎默克尔自己的意料，她本认为自己胜率不大，甚至为自己安排了后路。在选举前夕，她还单独前往波恩，与联邦新闻局的官员签署书面协议。在确保自己的饭碗后，默克尔才回去安心参选。

大选结束以后，默克尔前往波恩拜访了全德基民盟主席——两德统一后的首任总理科尔。在与科尔的交谈后，默克尔感觉自己给科尔的印象不错，相信自己将在未来的内阁中有一份不错的工作。事实正如默克尔所猜想，她被政治大师——科尔相中了。

冒尖儿的联邦部长

一路颠簸，默克尔总算在政治职业上有了眉目，这位日后的"铁腕娘子"也慢慢拉开了自己的政治幕布。

默克尔与科尔早在第一次全德基民盟党代会上就已相识，她对这位西德基民盟主席、总理仰慕已久。通过中间人的介绍，她主动认识了科尔。

科尔当时也只是礼貌性地与这位名不见经传的党员聊了一会儿。在默克尔获得联邦议会议员席位之后，科尔方才正眼相待，邀请了默克尔在选举结束时前往波恩的总理府相会。

在总理府，科尔与默克尔聊了很久。交谈之后，默克尔感觉到自己可能将被全德总理提拔。至于为何会有这样的猜想，有两个原因：第一，默克尔很满意自己与科尔的谈话；第二，当时东德的第一、二号首脑德梅齐埃和克劳泽，均向她提起了提拔之事。尤其德梅齐埃还是全德基民盟的唯一副主席，他的暗示更让默克尔觉得自己将在新内阁内担当重任。

与科尔的谈话，在一定程度上改变了默克尔的政治轨迹，令她至今难忘。

科尔与默克尔讨论了一些关于选举的话题，并征询了默克尔对妇女的看法。当时默克尔还没有意识到科尔问这个问题的含义，直到随后被提拔为联邦妇女和青年部部长，她才终于领会。

科尔的这次提拔，对默克尔来说简直是一步登天，要知道，她成为基民盟党员不过 3 个多月。不过，默克尔日后的成就也说明了政治大师科尔的眼光独到。

德国统一后，代表原东德利益的部长数量远低于原西德的部长数，科尔为了更好地平衡东、西德之间的力量，需要增加来自东德的官员数。在考虑联邦妇女和青年部部长这一职位时，默克尔的背景成了有利条件——她是女性，成长于东德，而且年轻，这一切都成了有利砝码。

1991 年 1 月 18 日，默克尔宣誓就任妇女和青年部部长一职。那一年的默克尔只有 36 岁，她成功打破了两项纪录——成为最年轻的联邦议员和最年轻的联邦部长。这让当初大力帮助过她的君特·克劳泽颇为嫉妒，因为克劳泽是前一项纪录保持者，这一头衔本可以为他赚来不少曝光率。

妇女和青年方面的工作，并不是默克尔最感兴趣的领域。统一后的德国有更多更复杂的问题，向来喜欢挑战自己的默克尔不喜欢负责妇女、青年方面工作也不难理解。早在任命尚未发布的时候，她就对《世界报》的记者阿勒斯透露，自己并不想做妇女、青年方面的工作。还好阿勒斯的嘴巴比较严，没有公布出去。

现在看来，默克尔得感谢科尔当初的这一决定。因为妇女和青年部的工作相对比较温和，不会出现不可调和的矛盾，这样在日常的工作中，默克尔可以得到很好的锻炼，而又不会有太大的"危险"。如果真如默克尔所愿，去了情况复杂的部门做部长，估计她早就下课了。

默克尔从政时间过短，仅一年就坐上了联邦部长的宝座，也使得她饱受诟病。为了改变自己在人们心目中的形象，她上任不久就开始了大幅度的人事调整。

"一朝天子一朝臣"，前任留下的心腹基本全部被清理，包括前任部长的私人助理、办公室主任约阿希姆·维尔伯斯，负责青年工作的司长万弗利特·戴特林，负责妇女工作的司长顺普希林等。

默克尔同时从外面大量招兵买马，培养属于自己的心腹，有的甚至后来一路跟着默克尔，直至今天。其中有当时默克尔的第一个新闻发言人格图·扎勒，还有从经济部挖过来的雷斯根，担任默克尔的办公室主任，后来这两位都追随默克尔去了环保部，可见两人受重视程度。

其中，还有一些人事决定是受科尔指示所做。科尔是老练成熟的政治家，他的办事风格一向强势，默克尔也在所难免要受到控制。

当上部长的默克尔依旧不修边幅，出门总穿一身黑色或者灰色的衣服，脚穿一双平底凉鞋，头发永远都是"锅盖头"，脖子周围基本没有头发，额前是直挺挺的刘海儿。这实在让德国的媒体难以忍受，一国部长居然没有一点儿个人形象风采。

严肃的默克尔在公共场合从来不苟言笑。虽然大家一致认为默克尔是一名完全不懂得打扮自己的女性，可这与她干练的政治作风相比，实在不值一提。

即使初次担任联邦部长，在妇女和青年部这个职权范围较小的清水衙门，默克尔那科学家式的实干精神还是体现了出来。从1991年1月上任至1994年11月，默克尔做出最大的努力，为德国的妇女儿童及青年们争取了更多的福利。

默克尔没有生育过子女，只有丈夫绍尔带来的两位继子，可她依然对儿童抱有极大的爱心，从她这4年间为改善婴幼儿及儿童的生活条件所做出的努力，以及之后担任总理时常常参加儿童活动便可见一斑。

当人们问默克尔在担任妇女和青年部部长的4年里，最大的政绩是什么的时候，她毫不犹豫地说是关于婴幼儿和儿童方面的努力。

默克尔自认为的最大功绩，在其他政治家眼中显得微不足道。刚刚统一的德国有着更多更大的事情需要去做，也更容易赢得名声。也许是出于女性天然的母性，默克尔始终如一地在妇女、儿童方面精耕细作，着实叫人敬佩，而她的努力颇见成效。在她的坚持下，德国通过了《扶助儿童及青少年法修正案》，规定"3岁及3岁以上儿童上幼儿园的权利受法律保障"。

今日看似简单的法律条文，却在当时填补了德国的法律空白。除此之外，政府还出台了禁止虐待婴幼儿及儿童的法规。这些简简单单的价值观，因默克尔的努力成为法律条文，为千家万户的生活提供了最坚实的保障。

身为女性，默克尔对堕胎的态度也格外引人注意。

德国是一个以信仰基督教为主的国家，所有基督徒都在原则上保护生命、反对堕胎，但西德的基督徒多数信仰天主教，而东德有相当数量的东正教信徒，信仰上的细微差别，经放大后体现在对堕胎的不同态度上。

天主教更接近于原始的基督教，更倾向于严格反对堕胎，这一点在西德的法律上得以体现。西德严格禁止堕胎，实在有必要进行堕胎的，在医生开出可堕胎证明后方可堕胎。东正教也反对堕胎，但态度并没有那么严厉，加之东德在此之前由统一社会党执政多年，最终东德的法律规定妇女在胎儿12周以前有权自主决定停止妊娠，这是一个限期的方案。此外，德国还有一些其他信仰或者无宗教信仰的党派，所以调和出一个大家都认可的方案十分困难。

两德统一，必须通过一个适用全德的关于堕胎问题的法案。经过激烈的讨论，各大政党均提出了自己的草案：默克尔所在的基民盟主张严格的堕胎政策，基本还是西德的政策；与之相对应的是采用东德的限期处理的方案，与基民盟联合执政的自民党选择了这个方案，茶党、社民党等党派均倾向于此种方案；在两者之间，还有一派是取中间的温和派，主张公正咨询后由妇女自行决定，聚斯穆特是这一派的代表。

基民盟副主席默克尔这一次并没有认同基民盟的严格控制堕胎草案，她认为这个方案太过严格，表面上是严格控制妇女堕胎，但在实际情况下，总会有妇女需要堕胎的情况出现，那么一旦采用这种以惩罚为主的严格法律，德国的妇女会选择去国外堕胎，根本不会对降低堕胎数这一目标有任何益处。

基民盟党内要先对这一草案进行党内投票，通过后将提交至联邦法院。默克尔咨询了基民盟主席科尔。科尔的态度也与默克尔一致，反对实行以严格惩罚为主的威吓性法律，但科尔对默克尔说：基民盟就像一艘大船，每个基民盟党员像大船边上的小船，大船的稳定需要小船的稳定。默克尔自然懂得其意，知道自己即使反对这一方案，也不能站在党内多数人的对立面，故此她投了弃权票，可仍遭党内多数人的非议。

最终，联邦法院判决通过了以限期解决方案为核心的草案。基民盟的议员们难以接受，为此发动了集体签名活动，要求联邦法院重审通过的草案，默克尔说自己毫不犹豫地选择了与基民盟共进退，参加了签名活动，不过在后来的起诉书上并没有默克尔的名字，直至今日也难查她是否签名。

身为实际派的默克尔，对一直争论不休的草案并没有表现出极大的讨论热情。她表示，不管是否支持，只要是通过的草案她就会坚决执行，无论何种草案，只要认真实行，总会对降低堕胎数有一定的好处。与其一直僵持不下，不如实实在在做事。自此，闹得沸沸扬扬的218条法律终于尘埃落定。

默克尔在4年任期内，大力推行了一系列保障妇女的工作，落实了在男女平等基础上的法律。她不喜空谈而注重解决实际问题的科学家作风，果真让她成绩斐然，令当初轻视她的人瞠目结舌，这也为她日后的政治仕途扫清了一定的障碍。

严谨果断的默克尔具备带领日耳曼民族驰骋万里的能力，毕竟，她的工作效果让民众获得了更多的福利。

"常胜将军"的眼泪

不在其位，不谋其政。当上部长的默克尔，有太多需要她操心的事情。除了做好本部门内的工作，代表德国出国访问是她另外一个工作项目。

默克尔在做新闻发言人时，曾随当时的东德总理德梅齐埃出访，不过那时她不是主角，而且出访的地点只是欧洲的一些国家，见识的场面尚算有限。在其刚上任的第一年中，她有了见识"大场面"的机会。

1991 年 4 月 7 日，上任两个多月的默克尔首次出国访问，出访对象是她从未踏足过的以色列。

当时，距海湾战争结束不过一个月，整个中东地区形势依然十分紧张。出发前，德国国内就有民众谴责本国的一些军火商向伊拉克领导人萨达姆出售化学武器。因此，整个访问团顶着国内的压力前往以色列，希望以德关系不要受此影响。要知道，整个西欧国家的石油超过半数来源于海湾国家。

默克尔不是单枪匹马出访，陪同出访的还有当时的科研部长海因茨·里森胡伯和联邦总理府国务秘书卢茨·斯塔芬哈根。

一上飞机，默克尔便感到愤怒——整个访问行程在未经她同意的情况下就已经定好了。原本，被喊作"科尔的小姑娘"就已经让她受尽委屈，现在出国访问完全不考虑她这个部长的意见，自己岂不成了"政治花瓶"和附属的"傀儡"？

走下飞机，以方来了很多夹道欢迎的人。按照国际礼宾惯例，同等职位下，女性比男性先受到礼遇，可事情却大出所料。

不要说优先接待了，甚至连所谓的接待都没有。科研部长里森胡伯一下飞机就被团团围住，神采飞扬地展示着西德政治家的魅力，与以色列的对口部长大谈两国关于科技合作方面的事项，不时向周围的记者们挥手致意。

同为部长的默克尔则无人问津，她一个人默默地呆立在本古里安机场的停机坪上，看着周围热闹的人群，再想想自己的境遇，顿然升起一阵莫名的委屈。最失职的莫过于驻以大使戈布伦茨了，以方人员有可能没注意这位不起眼的女部长，戈布伦茨竟然也没有上前欢迎。百感交集之下，默克尔当众流下了委屈的泪水。

默克尔流泪的画面被有心的记者拍下，不过并没有在当时报道出去，毕竟部长伤心落泪的画面与德以双方加强合作的大背景不相符合。

之后，以色列方面得知，这位毫不起眼的女人才是这一行人中最重要的角色，于是以色列外交部长与默克尔进行了会谈。

会谈后，以方人员为默克尔安排了户外活动，她在活动中着力于社会考察和探讨关于妇女方面的问题。在为期 3 天的访问中，默克尔心情一直处于低落状态，唯一得到安慰的也许是她乘坐了东德老飞机，这架曾是昂纳克专机的老飞机遗留了浓厚的东德气息，这大概能让默克尔找寻到往昔熟悉的感觉吧。

在德国尚未统一时，默克尔曾说，自己 60 岁之前能去趟美国就心满意足了，可这个愿望在 1991 年的 9 月 11 日——访问以色列的 5 个月后便得以实现。

科尔总理在访美时，带上了这位备受青睐的女部长，而这也是默克尔比较重要的一次外访。

默克尔的丈夫绍尔也陪同去了美国，不过低调的绍尔坚持不坐德国政府专机，执拗的他固执地坐了民航班机先行一步，同样固执的默克尔非常欣赏丈夫的行为。此时，不甘命运安排的默克尔也最终认识到，实力不足是自己屡遭不公正待遇的根本原因，她知道自己应该蓄积能量了。

默克尔清楚，科尔能选择自己做联邦妇女和青年部部长，很大一部分原因是自己的背景——一位来自东德的年轻女性，但随时都会有下一位同样背景的人出现，科尔的宠爱也随时会改变。默克尔知道，没有自己的势力，自己的政治前途将充满变数，默克尔决定要改变这种被动的局面。

1991年9月9日，当初对默克尔大力提携过的东德最后一任总理——德梅齐埃宣布辞去所有党政职务。这位曾经为两德统一做出巨大贡献的总理，在德国统一后，也因被曝光曾与东德国家安全部斯塔西合作，被迫辞去基民盟副主席、勃兰登堡基民盟主席等职务。

细细想来，德梅齐埃也是时运不济。当时正值法庭清算东德政府罪行之际，全德国民众都在关注斯塔西的犯罪行径，不少人咬牙切齿地要求法院必须重判那些伤害了东德人的斯塔西成员，连一直躲在苏联的前统一社会党党魁昂纳克都被强制引渡回来受审，德梅齐埃则在这一过程中被曝光出来，愤怒的民众自然给了他唯一的出路——离开政坛。

德梅齐埃的离开，让默克尔看到了希望，她有望获得一块专属于自己的领地。

默克尔决定参选勃兰登堡州的基民盟主席，也就是德梅齐埃曾经担任的职务。然而在科尔表示支持之后，这一决定又变了味儿——环绕柏林的勃兰登堡州中，有相当一部分的老东德选民讨厌科尔。并且默克尔做这个决定时并不够坚决，再三反复之后，在选举前十多天才决定参选。此时另一位候选人——勃兰登堡州基民盟副主席乌尔夫·芬克早已开展了竞选活动。

默克尔出生在勃兰登堡州的滕普林，可大学远走莱比锡，所以对勃兰登堡州的实际情况并不了解，而且时间紧张，根本没有造势宣传的时间。芬克就老道多了，他已担任两三年勃兰登堡州基民盟副主席，选举刚开始，芬克就积极做准备，带着自己的竞选方案到处游说，获得了大部分的基层基民盟组织的支持。

科尔不喜欢芬克，因为他是前任全德基民盟党总书记海内·盖斯勒的朋友，科尔与盖斯勒关系不太友好。科尔出面力挺默克尔之后，勃兰登堡州的老东德人更加反感，认为默克尔只是被科尔操纵的傀儡。果然，默克尔毫无悬念地输给了芬克。

纵观默克尔的从政之路，这次失败可以说是唯一的一次。默克尔自己后来也承认，由于准备不充分，输掉了竞选，这也给她自己敲响了一次警钟，因为她之前的路走得太顺了。她需要坎坷和波折，这样的经历才是成长的最佳助推器。

政坛，要有自己的"领地"

彼时的默克尔暂居于科尔的光环下，说是暂居，是因为默克尔从来不愿甘居人下。为了增强自己的实力，不做科尔的影子，她决定继续找寻属于自己的属地。

这时的默克尔再次受到上天的眷顾，就在勃兰登堡州初尝苦涩后没多久，德梅齐埃留下的另一个职位——全德基民盟副主席在党内准备选举，这一次没有太大变数，只因基民盟副主席最好是由来自东德的政治家担任，这是全党的共识，当时默克尔算是最耀眼的东德女政治家了。

在基民盟总书记吕尔的推举下，作为唯一的候选人，经过科尔的同意，默克尔作为东德的基民盟代表，担任基民盟副主席。

1991 年 12 月，在德累斯顿的全德基民盟党代会上，默克尔获得了 719 张选票中的 621 张，成为基民盟党史上首位女性副主席。此时，距默克尔加入基民盟的时间不过短短一年零两个月。失之东隅，收之桑榆，上帝为默克尔关上一扇门，同时又为她打开了一扇窗。

只是，获得基民盟副主席一职后，默克尔也没有什么实际权力，强势的科尔在处理问题时很少征求默克尔的意见。即使是在讨论梅前州的问题时，默克尔作为从梅前州选出来的联邦议员，都没能进入到科尔的"智囊团"中。可这也属正常，当时科尔的影响太大了，以至于现在人们提到那个时代，还称其为"科尔时代"。因此，默克尔若要让自己拥有更多的权力，需要做更进一步的努力。

德梅齐埃辞职以后，利用从政时留下的巨大影响，摇身一变成为一名律师，他的律所就在默克尔所住公寓内，后来两人还曾碰面数回，不过已有点话不投机了。

德梅齐埃曾邀请默克尔前去他的律师事务所参观一下，默克尔也都是当面答应，却从没去过，这让德梅齐埃很生气，觉得默克尔有点忘恩。

在默克尔刚进入德梅齐埃政府做新闻副发言人时，德梅齐埃与默克尔的关系相当密切，这从他支持默克尔竞选联邦议员上就能看出。不过，在德梅齐埃因东德安全部安全问题引咎辞职后，默克尔先是竞选了勃兰登堡州基民盟主席，失败后转而竞选基民盟副主席。默克尔踏着德梅齐埃的失败走向成功，这让两个人之间的关系急转直下。

事实上，默克尔内心也同情德梅齐埃，为他抱不平，甚至后来还呼吁他重出政坛，可年事渐高的德梅齐埃已厌倦政治生活，最终再也没有踏足政治。

无独有偶，在默克尔需要领地之际，她的另一位曾经的贵人——君特·克劳泽辞职了，这再一次成全了她。

克劳泽于 1953 年出生在距离莱比锡很近的哈勒，先后学习了建筑工程学和信息学。1984 年，31 岁的克劳泽获得博士学位，并在维斯玛应用技术大学任教，仅仅用了 3 年时间，就完成了自己的教授论文。

克劳泽天资过人，在政治方面也很有天赋，做事干净利落，被认为是东德的政治希望。在德梅齐埃担任东德总理时，克劳泽就出任了东德总理府秘书一职。两德统一的《德国统一协定》也是由克劳泽和时任西德内政部长的朔伊布勒在东柏林的菩提树下宫签署的。克劳泽在与朔伊布勒就德国统一问题谈判时，真可谓"不打不相识"，此后便建立了深厚的友谊，大有英雄相惜之感。

德国统一后，克劳泽作为当时东德仅次于德梅齐埃的二号人物，在联邦政府中担任联邦交通部长一职。克劳泽很有政治手腕，当时德国的政界普遍看好他的政治前途。总理科尔为了拉拢他，甚至在私下许以重职，让克劳泽在联邦政府中担任建设部部长，负责整个老东德地区的重建工作，但这个部门因为和其他部门职能范畴冲突重合太多被迫取消了，而克劳泽则被科尔任命为同样重要的交通部部长。

克劳泽统领的交通部工作触及面广泛，动用的资金庞大，因此职权很大。统一后的德国为了重振原东德地区的经济，四通八达的交通网络是必备的基础，大量的高速公路开工建设，这片广阔的天地成了克劳泽得以一展拳脚之处。

为了实现自我抱负，展示自己的政治才华，克劳泽四面出击，与大量相关的政治人物交流、斡旋，同时提拔党内后进，以作自己羽翼。现在看来，在超级自信的克劳泽眼中，默克尔不过是小虾、小鱼而已，根本不会对自己这条大鲨鱼造成威胁，所以当初才不遗余力地帮助默克尔竞选联邦议员。德梅齐埃辞职以后，克劳泽更是仿佛看到了自己升为东德第一政治家的希望。

就在克劳泽八面玲珑、风生水起之时，一条劲爆消息断送了他的大好前程：克劳泽与德国军火商勾结。

早在海湾战争期间，德国人民就对德国军火商向伊拉克出售化学武器表示极大不满，而如今因为内部矛盾，军火商自己跑出来爆料，这让克劳泽陷入前所未有的极难境地。

"拔出萝卜带出泥"，这样的情况在各国政治丑闻中屡见不鲜，随后克劳泽被曝搬家漏税，甚至连克劳泽雇佣保姆也遭到了德国人民的强烈抨击。落到如此境地，一方面是克劳泽自己的问题，另一方面也只能说是时运不济。

刚刚统一的德国经济凋敝，人民对于官员雇佣保姆和搬家漏税等情况都厌恶至极。克劳泽因顶不住丑闻的压力，在媒体轮番口诛笔伐后，于1993年5月辞去所有党政职务，遗憾地离开了德国政坛。

如此，剩下的问题就简单得多了。在克劳泽辞职之后，留下了梅前州基民盟党主席一职，默克尔势在必得。在得到梅前州州长赛特的支持后，默克尔扫平了竞选路上的障碍。这一次与在勃兰登堡州的情形完全相反，从基层党组织到州党组织，全都表示支持默克尔。

梅前州的民众已经清楚地意识到，在失去德梅齐埃与克劳泽之后，能代表东德政治势力的只有默克尔，而且默克尔当初也是在梅前州竞选的联邦议员，她很快获得了候选人提名，并在1993年6月的竞选投票中获得159票中的135张，成功拥有了自己梦寐以求的领地。

获得梅前州基民盟党主席一职，让默克尔长舒一口气，她终于也有了自己的竞选大本营，之后便可以在政治中心柏林放手厮杀，无后顾之忧。

横刀立马，舍我其谁？默克尔的崛起有运气的成分，可谁能忽略她自身的努力呢？一颗政治新星正在冉冉升起，照亮了整个德国天空！

泥泞的政坛 "独木桥"

4

"轻量级" 环境部长

时局不安，风云变幻。1994 年是德国的超级大选年，在总统选举之后，又进行了联邦议会选举。时年已 64 岁的基民盟 "超级父亲" 科尔，再次率领基民盟在联邦议会选举中，以微弱的优势击败了反对党社会民主党候选人鲁道夫·沙尔平，连续 4 次当选为德国总理。

是时，这位有着 "统一总理" 美誉的总理需要重新组建内阁。

在内阁部长人选遴选过程中，科尔咨询了默克尔的意愿。科尔决定在新内阁组建时，将默克尔的 "妇女和青年部" 与 "家庭和老人部"重组为一个"家庭部"。是年，默克尔尚未结婚，显然不太合适担任这一职位。科尔提议，由默克尔担任环境、自然保护和核反应堆安全部部长，这让默克尔十分欢喜。

环保部不是妇女和青年部那样的清水衙门，拥有很大的权力，同时涉及自然科学的方面较多，默克尔是物理学的博士，专业十分吻合，如此，1994 年 11 月 17 日，她宣誓就职。

默克尔的前任是托普费尔，此前他已经在环境部长这个职位上干了 7 年。托普费尔自 1987 年上任以来，大力推行他的环保政策，扩大环保部门的影响力。他认为，德国工业化日益发展的同时也导致了大量环境问题，譬如不可再生的自然资源被过度开采，工业污染严重，废水、废渣、废气的排放标准太低等，导致空气、水等人民赖以生存的基本生活资料都受污严重。

除了已经暴露、刻不容缓需要治理的环境问题以外，拥有前瞻性眼光的托普费尔，还看到了未来伴随经济发展可能出现的环境问题。为此，他东奔西走，做了大量准备性努力。

托普费尔为了推行他心中的环保政策，采用了极为强硬的行事手段。他从不考虑相关部门的利益，为解决汽车制造行业带来的环境问题，他与工业部的部长产生矛盾；因为快速发展的建筑事业带来的污染问题，他与建设部的关系也很恶劣；他又因德国统一后大量高速公路建设而引发的问题与交通部交恶。

托普费尔的强势环保政策，为他带来了戏剧性的后果：他的联邦同事们实在难以忍受他的性格，不少联邦部长先后到总理科尔那里告状。于是，1994 年重新组建内阁时，时任基民盟与基社盟组成的联盟党党团议会第一干事长的吕特格斯，向科尔建议解职托普费尔。科尔为了组成一个更为团结和睦的内阁，接受了吕特格斯的建议，放弃了这位颇有能力的环境部长。

颇具讽刺意味的是，就在那些与托普费尔交恶的部长窃喜之际，托普费尔又被科尔重新起用，并且担任职权更大的建设部部长。消息刚一披露，不少人大跌眼镜，那几个告状的部长更觉得难堪，托普费尔本人也是颇为尴尬，之前自己在环境部长任上时，一直与建设部矛盾重重，不想现在却要做建设部部长。这个小插曲，也能看出科尔知人善用的政治家眼光。

默克尔刚上任环境部长，就是嘘声一片，毕竟她一路都是在被低估中走过来的。此前，默克尔虽在妇女和青年部做得比较出色，取得了诸多成绩，但在人们心中，妇女和青年部与环境保护和核安全部根本不在一个等级上，一个是基本无事的清水衙门，另一个则是政治中心部门，面对的问题纷繁复杂，对国家经济等各方面都有重大影响。媒体开始戏谑地称默克尔是越级挑战，"轻量级"选手挑战"重量级"工作，无疑是自寻死路。

托普费尔在任时，德国经济下滑，增长缓慢，但他领导的环境部一枝独秀，依然是高效、出色地完成了各项工作，且制定了有长远眼光的环境政策，这对于经济的复苏有巨大的拉动作用，人们早已信任托普费尔。而如今经济刚刚起色就来了一位越级挑战的"轻量级"部长，这如何能让人信服呢？

在"科尔的小姑娘"之后，默克尔又多了个"轻量级部长"的绰号。因为有了之前的经历，默克尔明显淡定多了。任媒体极尽挖苦之能事，她甚至连出来反驳的想法都没有。对这些新闻她采取老办法，不闻不问，默默地开展工作，静静等待最佳时机，以改变人们对自己的固有印象。

此时的默克尔宛若一个精明沉稳的狩猎者，以极大的耐心隐忍着，期待一击必得。

相比于妇女和青年部的工作，这一次默克尔上手要快得多。上任伊始，她就先和各大小部门修复关系，不再走强硬争取的路线，完全是一派温和合作的工作方式。

托普费尔过去早已把那些得罪人的事干完了，这在无意中为默克尔扫清了最大的障碍。默克尔只需依着托普费尔的路线，坚定地走下去就不会有任何问题。

的确，默克尔在 4 年任期内，是沿着托普费尔的路线走的，没有提出更多新观念，只是把托普费尔没来得及推行的部分环境法规继续实施下去而已，可这已经很不容易了，毕竟落实远比想法更有意义。

默克尔自上任以来，耳边一直充斥着怀疑和嘲笑声，众人看她的眼光也完全是不信任和轻视，这让她心里很不舒服。默克尔下定决心，必须在上任之初好好整顿，以此展示独立、强干的个人形象，摆脱托普费尔的影子。

要想树立威信，让人刮目相看是最好的办法。不过上任之初，默克尔并没有表现的机会，每天的日常工作又不会给同事和民众留下深刻的印象。直到联合国柏林气候峰会将要举行时，默克尔才算等到了一个重塑个人形象的契机，她默默地做着准备。

在默克尔耐心地等待柏林气候峰会到来时，有个不识趣的人出现了，他是托普费尔曾经的副手，国务秘书施特洛特曼。他的存在让默克尔突然发觉，在塑造正面形象之前，打一下"出头鸟"也算不错的立威办法。

默克尔刚进环境部工作，尽管能感觉到周围同事的不信任，但他们至少表面上对于默克尔的决定都表现得服服帖帖，唯一敢当众和默克尔叫嚣的就是施特洛特曼。施特洛特曼也的确有向默克尔叫嚣的资本，毕竟默克尔在环保领域还只是个新手，而施特洛特曼已经和托普费尔组成双人搭档，在环境部工作了8年。

施特洛特曼并非针对默克尔，他向来性格如此，仗着自己能力出众，在托普费尔时代就常常让领导当众出糗，下不来台。托普费尔也对这位恃才傲物、目空一切的搭档表示无奈，可爱才之心最终让他不得不接受施特洛特曼性格上的一些缺点。而托普费尔在担任环境部长之前的经历，也让他更能在这方面耐心十足。

托普费尔于1978年至1985年期间，先是担任莱法洲环保与卫生部的国务秘书，随后又担任了该州部长，没有人比托普费尔更了解个中滋味了，他强烈地感觉到，二人搭档一定要默契配合，才能高效率地完成工作。

正因如此，托普费尔多了一份理解施特洛特曼的心，毕竟有能力且搭档默契的人不是那么容易找的，而且施特洛特曼最多是在小事上摆摆架子，大事上还是力挺托普费尔的。

默克尔来了以后，原本没有什么重大工作要处理，所以施特洛特曼处理大事的能力根本没来得及展示，就被默克尔当作反面教材给解职了。或许是施特洛特曼运气不佳，其实只要等到柏林气候峰会，默克尔也许就不会解雇他，她一定会爱惜施特洛特曼的忠心和能力。

施特洛特曼被解职的原因，不仅仅在于他本人桀骜不驯的个性，默克尔实际上想借此机会除去托普费尔留下的"遗老"们，彻底打造一个专属于自己的环境部。

解职一个国务秘书需要一定的流程，首先她必须先征得内阁以及科尔同意，最后由总统签字发布。解职施特洛特曼的消息在内阁一经提出，托普费尔就劝默克尔慎重考虑，但默克尔一心想清除托普费尔的残余势力，以至于托普费尔的苦口婆心也是适得其反，直接导致施特洛特曼被解职的速度加快。而解职的原因则更简单，施特洛特曼年事已高，建议提前退休。

新官上任三把火，可默克尔的第一把火烧得太旺了。施特洛特曼被解职的消息传到民众耳朵里后，人们纷纷表示难以置信。原本民众就不太相信默克尔能胜任环境部长一职，否则也不会以"轻量级部长"来称呼她，现在竟然连富有经验的施特洛特曼也被解雇，简直是太儿戏了。不少媒体此时也落井下石，顺着众人之口，大肆批评默克尔这一不成熟的做法。

默克尔的同事们也很震惊，要知道施特洛特曼是托普费尔留下的二号人物，多年的工作令其在环境部树立了很高的威信，可竟然被年纪轻轻的默克尔直接解雇了，真是不可思议。

自此，环境部内再也没有人敢小看默克尔，即使心里不服，也不敢再有所表露。默克尔可谓一箭双雕，不仅清除了托普费尔的残余势力，更让身边的同事见识到自己威严的一面。默克尔早就猜到同事们的心理，此举也算是让自己心中想法成真罢了。

为了弥补施特洛特曼留下的空缺，默克尔从内务部挖来了管理专家埃卡德·尧克。尧克在环保方面虽是新手，好在他的从政经历很丰富，能从旁辅佐默克尔。实际上，默克尔最中意的人选是自己当初在妇女和青年部时候的国务秘书豪斯曼，但他被科尔留在了家庭部。

随着尧克的到来，默克尔为环境部所做的人事调整告一段落。不管默克尔解雇施特洛特曼的做法正确与否，至少得到了实权，在同事心中也树立了权威，在民众心中更留下了一个全新的印象。就这样，默克尔在一片不信任的眼光中，带着全新的环境部扬帆起航。

用成绩说话

默克尔在环境部的工作依然困境重重，可她努力克服了种种不顺利。

她以实干家的做事风格，在短短的4年任期内推行了为数甚多的环保政策，像一个身上缠满缰绳的牛，执拗地顶着压力一步步向前。

1997年12月，默克尔代表德国参加了柏林气候峰会的后续峰会——日本京都举行的气候峰会。此时，离柏林气候峰会过去将近3年，这一时间轴线对于解决温室效应这一全球问题来说，连起步时间都不到，但部分朝秦暮楚的政客却在利益的驱使下出尔反尔，反对《柏林议定书》的部分协定。

默克尔决不允许柏林气候峰会的努力就这样付之东流。为了保护这一来之不易的成果，她在京都气候峰会上率先表态，愿意担起德国应付的责任。这不仅为其他各国树立了表率，更像一记响亮的耳光，打在了一些不负责任的国家代表的脸上。

各国的政治家们觉得脸上有点挂不住，也不再厚着脸皮互相推诿，便接受了《柏林议定书》的核心问题协定，并在此基础上讨论了相关实施细则，以《京都议定书》的形式公布了出来。

默克尔对《京都议定书》的面世有着不可磨灭的功劳，直至今日，她的政绩虽然无数，但她依然把《京都议定书》的问世看作是从政以来的最大政绩之一。

按照《京都议定书》的规定，德国将在 2012 年实现减排温室气体 8% 的目标，此后默克尔也一直在为这一承诺而努力。

默克尔在 1995 年上半年推行了《反烟雾臭氧法》，这也不是一个容易的过程。

推行《反烟雾臭氧法》，是民心所向的一个决定，当时正值春夏之交，原本应是夏花绚烂的时节，但德国人面对的却是污浊的空气和空气中未燃烧完全的汽车尾气。这令德国人难以接受。

大批民众纷纷抱怨因大排量汽车、高速行车等带来的尾气污染问题，就连默克尔的邻居也借着近水楼台的优势，向她控诉孩子们无法出门的悲剧事实，作为环境部长的默克尔知道自己必须要做点什么。

众所周知，控制夏季汽车尾气排放量并不是多困难的事情，只要限制车速就可以了，但实施起来却没有那么容易。

默克尔在提出汽车限速这一提案时，不出意外地遭到了汽车工业、高速公路等相关行业代表的反对。被触及利益的行业代表们怒斥默克尔不顾大局，斥责她的行为只会让这些行业的经济大受打击。同时，德国从来没有实施过汽车限速措施，一部分人甚至将默克尔的这一提案提高到背叛德国传统这一高度，企图用道德审判来反对《反烟雾臭氧法》。面对一些利益受损的团体如此发难，默克尔偏要摸这群"老虎"的屁股，将这一提案送到了"掌门人"科尔手中。

作为"家长"的科尔也是左右为难，眼看着几个内阁部长吵成一锅粥，他一时间也没辙了。正僵持不下之际，事情发生了转机：眼看着夏天就要来临，而《反烟雾臭氧法》依然没有着落，绝望伤心之际，不能像男人般暴跳如雷发火的默克尔流下了苦涩的泪水。

这一点也不难理解，毕竟再坚强、再理智，默克尔终究是一个女人。

剩下的事情好办多了，与默克尔争吵的几位部长也不好再说什么，毕竟把女人逼哭不是什么光彩的事，事情很快就有了结果。

最终，科尔采用了"各打50大板"的方式解决了问题——《反烟雾臭氧法》将在德国的一个州先试行。科尔知道，手心手背都是肉，不好太厚此薄彼。

纵观默克尔3次著名的"政坛流泪"——访问以色列受冷落的辛酸之泪，柏林峰会时身心俱疲的失望之泪，还有为了推行《反烟雾臭氧法》而流的苦涩之泪，都对当时情势产生了巨大的积极推动作用。

政治是个残酷、理智的游戏，有时不要说泪水，甚至亲情、爱情都会成为牺牲品。默克尔算是泪有所值了。

任期内，默克尔还推行了其他一些环境保护法规，比较重要的是《循环经济法》和《土地保护法》。《循环经济法》是为了解决企业生产过程中排出的大量工业"三废"问题而出台的。

以往，德国企业生产过程产生的"三废"一般不经回收即排放，而且多由企业所在地的政府处理。这种做法弊端太多：首先是污染了环境，这一点毋庸置疑；其次是造成了资源的浪费，工业"三废"中还有很多可以回收再利用的资源；最后是给当地政府财政带来了严重的负担。

《循环经济法》的实施很好地解决了上述问题，该法基本原则即是"谁污染谁治理"，企业为了节省治理污染的资金，自然就会选择减排、优化工艺、回收再利用等做法。默克尔就是看准了商人对于金钱的痴迷追求，才完美地解决了工业"三废"问题。

《土地保护法》与《循环经济法》的基本原则类似，依然是把责任落实到每片土地的生产、建设者头上。

除了这些相对涉及面较广的环境保护法律，默克尔还关注了一些细节问题，譬如一次性餐具、塑料袋、易拉罐等生活垃圾问题，甚至为了管理易拉罐的回收处理等问题专门出台了易拉罐押金的规定，以此改变人们随手乱丢易拉罐的坏习惯。

默克尔在环境部的任期从 1994 年年底至 1998 年，任期内她没有特别出彩的政绩，但在前任托普费尔的"阴影"下，在"超级父亲"科尔的光环下，一些丰硕的成果还是人人得见的。至少，人们不再认为默克尔只是"科尔的小姑娘"，不再只是一位"轻量级"的环境部长。

对默克尔有切实益处的，当属同事们的改变。此前，默克尔虽在上任伊始便开始大范围地进行人事调整，但她在联邦政府的一些同事仍然对于她的能力心存怀疑，直到柏林气候峰会的成功召开，她才在同事心中树立了权威，此后开展工作也相对高效得多。

渐渐地，默克尔拥有了同事们的信任，她也开始相信同事，逐渐放宽身边同事的工作权力，这为她之后的任期内其他工作的顺利开展打下了良好且坚实的基础。

联合国内各国环境保护代表们，也见识到了这位年轻的德国环境部长的能力，提起时也都对默克尔心存敬意。德国民众更是对默克尔刮目相看，认为她完全能胜任环境部长一职。如此，默克尔果真凭借自己的一颗隐忍之心，收获了大批民众的拥护。

"黑金案"之殇

有些人注定会成功，是因为他们走了不同于常人的路。默克尔的政治路不算平坦，好在荆棘中充满幸运，只是这份幸运也非凭空而来，其中少不了她本人的努力。

1998 年 9 月，基民盟即将迎来再一次的大选。这一次，许多人早已预料到了结局。

自 1994 年开始，基民盟和基社盟的联盟党便江河日下，科尔领导的政府越发不得人心，在政坛上沉浮多年的政治家都已经看出，科尔在 1998 年的大选上绝对会一败涂地。事实果真如此，联盟党最终以 35.2% 的投票率败北，成为在野党。

实际上，比起科尔，联盟党要员朔伊布勒一直以来就对默克尔抱有一定程度的好感。当默克尔还在环保部长的位置上时，朔伊布勒就和她有过接触，他们在很多与环境保护相关的问题上取得了一致意见，比如生态税的问题。此后，朔伊布勒在其他政治问题上也发现，这个来自东德的女人的意见相当中肯且富有建设性。

随着科尔越来越专断，朔伊布勒对他的不满日甚，他发现默克尔也同样如此。而最终促成朔伊布勒推举默克尔的原因，还在于他"看不起"默克尔。

在朔伊布勒看来，默克尔根本没有任何威胁，既看不出其拥有多么出彩、优秀的执政能力，也看不出其有多大的政治野心，他相信自己完全可以在背后掌控她。殊不知，总是算计别人的人，最终却把自己算计了，这是他本人始料未及的。

朔伊布勒和科尔多次被人们称为"儿子与父亲"，但"儿子"

早有"不孝"之心。之前，朔伊布勒认为扳倒科尔最好的时机尚未到来，这让他心里一直非常郁闷。随着选举的临近，对科尔的专断行为极其痛恨的朔伊布勒做出了许多出人意料的举动。

1998年联邦选举的前几天，朔伊布勒公开对外宣称自己与科尔不再是朋友，这对科尔选举的影响可想而知。科尔自然十分不满朔伊布勒，但他深知大势已去，便于1998年11月7日的波恩联邦基民盟党代会上宣布，朔伊布勒将成为新一任党主席。随后，默克尔顺利当选为基民盟总书记。

困境之中总蕴藏着无穷的机遇，这正是默克尔开启全新旅程的绝佳时机。默克尔为了这一天已蛰伏多年，而往往等得最久的人，才是能笑到最后的人。这场"夺权"风波之后，默克尔无疑是最大的赢家。从她的角度看，这一重大事件称得上其人生中最为重要的转折之一。

基民盟总书记是个极具挑战的职务，从默克尔出生到1998年11月为止的人生来看，可以说她几乎没有任何可能成为基民盟总书记的有利因素，原因很简单：第一，她没有稳固的政治根基；第二，也没有相应的政治力量，但她最后居然做到了，堪称奇迹。

细细想来，这与已成为基民盟、基社盟联盟党主席的朔伊布勒对默克尔"看不起"的态度关系甚大，否则一切都是天方夜谭，正是有了朔伊布勒的推举，默克尔才能以874对68票的高票当选。

福兮祸之所伏，默克尔成功当选党总书记只是开始，有更多的挑战等待着她，比如任职一年多时间里，基民盟党内发生的一件轰动世界并严重影响其作为反对党的政治工作的事件——以科尔为主要当事人的"黑金案"。

早在 1995 年，德国税务机关的人员就已经发现基民盟有接受政治献金的嫌疑，其中最重要的调查对象是军火商施莱伯，而这一调查就持续了 4 年。随后，1991 年德国向沙特出售工厂，1992 年法国埃尔夫公司收购东德炼油厂时献金 3000 马克的事件渐渐被调查了出来。1999 年 11 月，基民盟前任司库基普被德国警方逮捕，罪名是参与施莱伯黑金案。随后，基普公开发表声明，表示自己从未参与此类活动。

1998 年以前，基普是基民盟中很有分量的人物，就算从重要位置上撤下，对基民盟内部仍有着非常大的影响。因此，作为前任主席的科尔也无法对此继续保持沉默。仅仅几天之后，他发表声明称，自己与基民盟内部的其他高层领导人都对献金一事一无所知。可随着调查的深入，越来越多的阴谋暴露出来。

迫于压力，科尔于 12 月承认原东德难民的抚恤费用即是价值 200 万马克的秘密献金。1999 年年底，基民盟为科尔缴纳了 400 万马克的罚款。

2000 年 1 月，事态全方位扩大，越来越多的黑幕被挖出来。比如 1986 年，基民盟各地方政党总共收到价值 275 万马克的非法捐款；基民盟黑森州党部从 1989 年至 1996 年，一共收到从瑞士汇入党内的 1300 万马克；军火商施莱伯给基民盟约 100 万马克政治献金；法国前总统密特朗涉嫌参与埃尔夫公司对东德炼油厂的收购事件；1998 年，国际竞标中存在涉款约 600 万马克的贿赂事件。1 月 3 日，德国检察官下令开始调查。10 日，朔伊布勒承认接受了施莱伯 10 万马克献金，于是大量民众要求他引咎辞职，但都被他拒绝了。也是在这一天，法国著名富商安德雷·圭尔费揭露了法国埃尔夫公司收购前东德炼油厂的大量细节，其中最引人注目的即是埃尔夫公司给科尔、基民盟的回扣，以及价值2600万英镑的佣金。

1月14日，黑森州州长坎特尔承认自己曾将700多万马克的政治献金存入瑞士银行。他既是科尔的得力助手，同时也是科尔时期的内政部长。与朔伊布勒的遭遇类似，要求黑森州重新选举的声音随之而来，不同的是，坎特尔随后引咎辞职。

伴随着更多内幕的暴露，越来越多的人开始怀疑，在这起事件中科尔究竟知道多少，收取了多少非法献金。

1月18日，科尔主动辞去基民盟名誉主席的职务。越来越多的人不再相信科尔，也不再支持基民盟。1月20日，基民盟的财务主管于公寓悬梁自尽，留下了表明自杀纯属个人问题、与其他无关的遗书。

这看似"死无对证"的做法，实际上让问题变得更扑朔迷离，也更"必有隐情"了。公众根本不相信这个说法，随后，在越来越大的压力下，科尔只得承认自己的错误——在基民盟内部设立秘密账户，收受了100万美元的政治献金，但他否认这笔钱用来为自己谋取私利。朔伊布勒同时发表道歉声明，可事情并未就此结束。

1月23日，基民盟雇佣的调查人员声称发现了1200万马克的不明经费。随即，德国议会决定进一步对基民盟进行调查。到了28日，坎特尔的办公室、住宅被搜查，基民盟前司库魏劳赫退党。

在这一个月时间里，政治黑金案涉及范围越来越广，除了国内的交易，德法交易、德国与阿拉伯的交易等也全部受到了仔细审查。基民盟以致整个德国政坛都希望科尔能交出捐款人员名单，可被他拒绝了。

据了解，当时已经被发现的基民盟内部无法说清来源的捐款至少有 1100 万马克，若是科尔不愿交出捐款人名单，基民盟就得为此支付巨额罚款。

科尔态度坚决，始终不愿意透露该名单，于是不少人猜测，所谓捐款人究竟是否真实存在，或许只是科尔想要独吞献金而捏造的。可科尔对此表示了强烈的反驳，称这种说法是毫无道理、毫无证据的。

科尔的固执也让基民盟非常无奈。从基民盟的角度出发，科尔作为德国统一时的联邦总理，无论是在基民盟历史上还是在德国历史上，都是非常重要的人物，他们希望慢慢将这件事平息下去，不过科尔的不合作态度让他们非常伤脑筋。

此后，主席朔伊布勒表示，不会对科尔退让抱太大希望。这表明，基民盟已经开始着手完全靠自己处理丑闻事件，而不将科尔纳入考虑范围了。同时，基民盟在这次会议上作出了决议：不会将此事付诸法律，科尔也不会受到关于此事的任何法律制裁。

2000 年 7 月，经历了长达半年的调查、取证、争论之后，德国联邦议院专门负责此次调查的委员会对科尔进行了质询。在这次质询中，最主要问题在于非法捐赠人员名单以及不久前发生的联邦政府重要文件丢失事件的解释。就在对这件事的调查加深之时，调查人员发现，联邦总理府中的许多重要文件全部丢失，大量电子文件被人为删除。

在这段非常时间里，任何往日看起来可能无关紧要的事件都会变得前所未有的敏感，也因此，"黑金案"再次出现在媒体报道的中心栏目里。这一次，科尔依然拒绝提供名单，同时坚称自已没有接受贿赂，所有不明来源的财产全都被用作基民盟总部和各地方政党的工作支持费用。为了弥补自己的过失，科尔也已经开始进行筹款工作，以便能够承受最终给基民盟的惩罚款项。

2001 年 2 月，"黑金案"落下帷幕。最终科尔承认自己接受了政治献金，但他仍对钱款走向态度坚决，坚持称这些钱都用于公务。检察官们考虑到他积极地改正错误，于是最终裁决他缴纳30 万马克的罚款。轰动一时的"黑金案"也就此终结。

丑闻结束了，可事件的影响不能简单说尽。对基民盟来说，科尔的态度差点导致了政党分裂，至今仍有人要求彻底清算。党内高层动荡不安，科尔、朔伊布勒都因此名誉扫地，难以抬头。从党外来看，基民盟的支持率一落千丈，对其执政带来的影响也非短时间内可以恢复。当时有评论认为，基民盟若想再次恢复以往的执政能力，至少需要 10 年时间。

"黑金案"对基民盟影响巨大，对默克尔产生了负面冲击力，毕竟她上任时间不长。对政客们而言，站错队伍无异于自断生路，那么，默克尔到底能否在党内丑闻的阴霾下冲出一条光明之路呢？

与"恩师"的决裂

"吃水不忘挖井人"，这句教人们感恩的话，在泥泞的政坛上似乎变了味道。这种变化是双向的。其一，挖井人的目的不只为某人饮水，也许是想笼络更多与自己一样会"挖坑"的人；其二，哪怕某天挖井人不挖坑了，也渴望吃过自己井水的人没齿难忘。说白了，是一种远见性的投资。

把这种唯心的引申义用在科尔和默克尔身上，不足为过。

在"黑金案"爆出之后，科尔认为自己必须维护作为"德国统一总理"的历史地位。错误的确犯了，可成绩却不能置之一旁不理不睬，免得自己为他人做嫁。科尔想得很清楚，他要为自己的荣誉而战。

朔伊布勒对科尔的"憎恨"来源于施莱伯，施莱伯不止一次表明要将朔伊布勒拖下水。他甚至以威胁的口吻表示，关于政治黑金案的所有细节，在必要的时候一定和盘托出。显然，这是摆明了要跟朔伊布勒明刀明枪地对抗，要让朔伊布勒再也抬不起头来。

朔伊布勒也不是省油的灯，他觉得在这件案子里，他有点受委屈了，施莱伯和科尔明显沆瀣一气，把枪口一致对准自己。

也就是在这样一个特殊而敏感的时刻，默克尔看准时机，一招制敌。她的那篇发表在《法兰克福汇报》上的文章，在将自己推至风口、成为新的民众"发言人"的同时，也是将自己与科尔的关系彻底打入冰窖的开端。

这很好理解。在当时的情况下，默克尔早已看清了形势，绝不能在这样的当口选择一条"不归路"，而性情中的谨慎、果敢、稳健的作风，又同时推动着她必须在政治领域有所建树，这一切客观和主观因素让默克尔在被动的情况下，做出了在今天来看明智万分的决定。

2000 年 11 月，《赫尔穆特·科尔——我的日记：1998—2000年》出版，科尔希望通过这本书对自己遭遇的不公平诋毁进行辩驳，其中的关键部分是回应朔伊布勒在《人生》中的辩解。

值得玩味的是，在日记里科尔只字未提默克尔，看来，这个

"挖井人"是想通过这种忽视的方式，来表达自己对曾经一手提拔起来的得力干将的不满。

不过，在 2000 年 4 月的埃森党代会上，在无法回避的情况下，科尔还是用"没有其他任何一个人的竞争，默克尔得到了95% 以上的选票，顺利成为第一位女主席"这样的一句话将之带过。毕竟，有些人的光芒是无法遮掩的。

若说科尔与默克尔的关系显得扑朔迷离也在情理之中，两人到底曾是"师徒"关系，再僵也不至于公开叫板。可一旦涉及与朔伊布勒的分歧和矛盾时，科尔的情绪就会变得特别激动。"作为党主席和议会党团主席，朔伊布勒之所以失败完全不是因为我和他的政治权力斗争，这样的结论是完全错误分析的结果。"

他甚至公开表示："我完全没有参与任何政治阴谋。"由此可见，科尔出版这本书的终极目的是为了"讨好"默克尔，对抗朔伊布勒也只是不得已而为之的举措罢了。重新恢复名誉是科尔的燃眉之急，这比任何事情都重要百倍，而这个过程自然少不了默克尔的鼎力相助。

事实上，尽管科尔已经回到党内，但名誉的损失让他在出席各种活动时显得尴尬不已。他迫切想要恢复自己的名誉，而最好的方法就是重新成为基民盟的名誉主席，这并不是件容易办到的事情。若没有默克尔的首肯，便是完全不可能实现的。故此，考虑到"黑金案"以及默克尔对此发表的那篇文章，科尔也是有怒不能发，他实在需要默克尔这个"吃水人"。

或许，政坛尚不想让科尔马上倒台——在科尔的亲信，基民盟不莱梅州主席诺依曼六十岁生日活动上，"坚冰"终于迎来了第一次解冻的机会。科尔和默克尔在一间小屋里进行了秘密会谈，其后两人还通过几次电话。

从大局上看，科尔想要恢复名誉的想法有望实现，默克尔肯与之会面、通电话就是个好兆头。可实际上，默克尔根本没意识到这件事的重要性，压根儿没萌生任何恢复科尔荣誉的想法。与此相反，她甚至越发觉得自己与科尔这样的联系会慢慢成为负担。

科尔是政治老手，怎能不知默克尔的真实想法？当他感受到默克尔没有"救心"之时，也不再对借助默克尔的帮助重新获得名誉抱有希望，尤其是他不再指望能再次当上基民盟的名誉主席。

德国的历史继续前行，科尔继续被忽略。经过党内和议会的不断协商，科尔终于有了两次发表公共演讲的机会。其中一次是正式纪念德国统一十周年的大会，该大会在萨克森州举行，可惜的是州长没有邀请科尔。

为了应付党内对科尔的呼声，默克尔不得不重新安排科尔在2001年10月1日参加柏林的一场活动。只是，当时科尔已经参加阿登纳基金会9月27日和28日在柏林举行的大型庆祝活动，也已经作了德国统一与欧洲联合关系的报告。可见，默克尔几乎是在完全迫于无奈的情况下才做出这个决定的。

这件事在党内的影响并不好，当时基民盟总书记波伦茨为了维护政党形象，不得不重新申明——默克尔在基民盟的地位和重要性并不会因科尔参加活动而受到影响，但若认为科尔和基民盟已经重修旧好，那也是不正确的。

直到2002年6月17日，政治献金事件两年之后，科尔才再次站在基民盟党代会上。当天正好是东德爆发反抗苏联的工人运动的纪念日。他的演讲题目即为《从1953年6月17日到2000年6月17日——从人民起义到欧洲联合》。

面对自己一手提拔起来的默克尔，科尔怀揣着强烈的不满，但他不会在公开场合将这种情绪表现出来，只在自己的亲信面前才对其表示蔑视。尽管这份怨恨可能永远留存在科尔心中，可事实上，真正能让一个人垮掉的，只有他自己。外力的存在只是个体行将就木时自然而然找到的借口罢了。

外界普遍认为，默克尔能走到辉煌的位置，科尔在其中起了非常大的助推作用，不过默克尔本人不这么看。"在很多层面上，我的确从科尔那儿学到了很多，也确实对他抱有感激之情。但是'感谢'这个词，我认为用在这里不太恰当。因为从另一个方面来说，没有任何成绩的取得不是靠自身的付出，没人会平白给你任何东西。"这是默克尔在被问到是否应该感谢科尔时做出的回答。

诚然如此，内因始终占据着不可替代的作用。也许没有科尔，注定要领导德国大步向前的默克尔也会遇到另一位贵人。

在处理科尔政治献金事件时，当时具有一定影响力的联邦议员博霍莱克提到，自己被要求"完全依据事实去处理事件"，这里不仅仅是指黑账和黑钱，还包括科尔领导之下的政治体系问题和科尔事件给基民盟带来的政治后果。

《法兰克福汇报》的君特·诺恩马赫也说道："政治家除了遵守法律的要求，还必须遵守自己的操守德行，必须有自己的道德标准。"这样的批评直到2005年默克尔上台时仍在持续，党内时不时有人提出要求算总账。

2000年8月，基民盟成员要求科尔回到基民盟的声音越来越大，默克尔如此回应道："科尔，就好像阿登纳一样，永远都是基民盟的人。但是现在的我们——默克尔和迈尔茨——比起他，是全新的一代人，我们向作为前辈的他请教问题是一定的，但是党的发展不能够再掌握在老一代人手里。曾经的时代已经过去，我们新一代要创造属于我们自己的未来。"

默克尔与"恩师"科尔的情谊算是彻底结束，她将用自己的方式开拓新纪元。当然，路要一步步走，盘错于其中的枝节性问题也等待着默克尔这个"铁娘子"逐一解决。有理由相信，她在日耳曼民众面前，会用自己的举动证明，自己果真是个不错的领头人！

重压下的反击

大凡与众不同者，必有过人之处。"黑金案"对基民盟的影响是巨大而深远的，在当时来看，基民盟首先面对的困境是支持率的下降，默克尔亦是深受其害。可她一向不甘于在危机前低头，她会用自己的方式告诉别人：压力，靠边站！

默克尔是基民盟的一员，与基民盟一荣俱荣，一损俱损。如何将基民盟从这个黑色泥沼中拉出来，是她的心头大事。也许是为了表达自己对"黑金案"的观点，她在《法兰克福汇报》发表了一篇文章，却不想激起轩然大波。

在文章中，默克尔主要针对政治献金事件以及对科尔的地位、历史功绩等表达了看法，明显地表明了要与科尔划清界线的态度。这篇文章的写作时间、发表方式，以及可能带来的后果，默克尔都提前作了预料，唯一出乎意料的是她不曾想到科尔和朔伊布勒的关系会断得如此彻底。

默克尔写道：科尔的确创造了一个辉煌的时代，但是这个时代早已过去，没有任何一个政党可以靠着过去走向未来。新的一代必须要创造属于新一代的东西，在如今瞬息万变的时代里，因循守旧已经毫无出路可言。因此，党应该尽快走出科尔的阴影，走出属于自己的道路。

在她看来，献金事件这个错误给基民盟带来了巨大的损失，她本人感到特别失望。对于科尔始终不愿意拿出捐赠人名单的做法，她认为实在是莫名其妙且不可理喻。在她看来，科尔在这个问题上的决定显得非常没有头脑，作为基民盟的名誉主席，怎么能先牺牲掉党的利益？

默克尔在后来接受采访时也重申了此观点：当时的基民盟就好像身处一个牢笼之中，无论在哪个领域、哪个方向都被紧紧捆缚，难以迈向未来。她认为，只有斩断绳索，基民盟才能获得自由，才能拥有更多更广的选择方向，才能走得更远更快。也就是说，基民盟必须打破科尔时代的桎梏。

外界对默克尔的观点颇有微词，而在面对"背信弃义"的指责时，她表示自己早已预料到这样的风险，"我写这篇文章是为了帮助党主席，因为我担心我们党会继续往下滑"。

在这对基民盟来说完全是灾难性的献金事件被爆出时，默克尔本人和其他基民盟成员都大吃一惊，但对默克尔个人来说，她的机会来了。她自己也清醒地意识到了这一点，因此恰当地把握了发表言论的时机，而这篇文章也达到了对她来说可谓是"惊喜"的效果。若是没有这件事的推波助澜，默克尔可能还得在"后宫"待上好一阵子，不会这么快上位，其政治前途也是不可预计的。

彼时，默克尔刚刚走马上任，担任基民盟总书记。尽管经历了联邦选举的惨败，但基民盟在各个地方的选举突然抬头。黑森州、萨尔州、萨克森州、图林根州都实现了基民盟独立执政或联合自民党执政，就连 1994 年只有 18.7% 支持率的勃兰登堡州都上升到了 26.5%。好成绩意味着总书记的工作得到了认可，默克尔本人在公众眼中的形象也越发优秀。

可是，就在这么一片大好的形势下，政治黑金案爆发了，基民盟在群众中的形象、声望一落千丈，默克尔不可能独善其身。甚至可以说，她比谁都更在意如何"善后"。这大抵是她发表那篇文章的初衷之一。

1999 年 12 月时，默克尔联系了《法兰克福汇报》的主编，表示自己可以发表一篇关于黑金案的署名文章，很快文章见报。显然，默克尔在黑金案刚爆发之时就已经在为自己打算了，但朔伊布勒对此完全不知情。是时，朔伊布勒接受施莱伯 10 万马克献金的事件也还没有被暴露出来。

伴随着政治黑金案这个雪球越滚越大，这篇文章产生的影响也越来越大。对朔伊布勒的表态，科尔则完全不信。在科尔看来，党总书记发表如此重要的文件，党主席却不知道，简直是天大的笑话。

而后，随着政治黑金案的进一步扩大，两个人的关系越来越差，不断相互抨击，一开始还带着理智，到最后整个德国政坛都感觉到两人之间的斗争完全是在情感冲动下的过激行为。

科尔和朔伊布勒的斗争从政治领域开始，不断延伸。当科尔听闻朔伊布勒将出书细说当时黑金案的种种细节时，也不甘示弱地迅速出版了《赫尔穆特·科尔——我的日记：1998—2000 年》。但据熟悉科尔的记者表示，他本人根本没有记日记的习惯。如此看来，科尔只是想"先发制人"罢了。

斗争的升级，让人很难回想起当初科尔和朔伊布勒亲密无间的样子。媒体曾将他们形容为"最亲密的朋友",可如今的两人势同水火,恨不能撕碎对方。朔伊布勒于 1998 年抨击科尔的事还不曾带来如此大的影响,默克尔靠着一篇文章就达到了这样的效果,实在惊人。她宛若旁观"鹬蚌相争"的渔翁一样。

朔伊布勒接受政治献金的事实,让他再也无法担任基民盟主席的职位。2000 年 2 月,他引咎辞职,临走时说:"此时的基民盟正处在最危险的时期。"

的确,来自党内党外的种种矛盾、加上舆论的渲染,政党间的斗争、民众的不信任、党内可能面临的分裂,都让每一个基民盟成员觉得大厦将倾。

默克尔始终保持着她的立场。在如此重要的时期,她既没有站到科尔那边,也没有站到朔伊布勒那边,而是始终如一地保持冷静,不被任何人左右,这样的姿态为她瞬间赢得了更多人的支持。

在召开的地区联席会议对基民盟党主席的重新选举上,多数党员一致推举默克尔,再也没有人可以阻止她的步伐。只是,议会党团主席,即基民盟、基社盟的联盟党在国家议会中的主席一职没有默克尔的份儿,选举结果是由迈尔茨担任此职。

默克尔能当上基民盟党主席,已是非常大的跨越了,她巧妙利用混乱中带来的机会,迈开了自己的步子。后来,默克尔在接受采访时也表示,当时的确是最好的时机,因为人们正处于情绪波动最厉害的时候,一旦时间久了,情绪平静了,可能就不会做出那样的选择了。

于混乱之中仍能保持洞幽烛微者,实是人中龙凤。默克尔是凤,还是一只振翅欲飞的凤,她不属于栖息在安稳的枝头,而是等待更大的狂风到来时,一展羽翼!

"杀"出一条血路

有些人的不凡并非与生俱来，而在于他们总能在最恰当的时机做恰当的事。默克尔能坐上基民盟党主席的职位，绝不是轻描淡写的几笔文字可以概括，这其中的种种曲折，只有身在其中者方知。

科尔"黑金案"，牵扯了众多基民盟内的高层。他本人和朔伊布勒的争斗也让整个德国政坛看了笑话，许多基民盟原来的坚定支持者都因对他们失望而放弃选票或者投给了其他党派。

形势如此严峻，基民盟内如同绷紧了一根弦，轻轻一触就会发出剧烈的回响。北威州党主席吕特克斯在进行州议会选举时不得不小心翼翼，不敢再有任何大动作。尽管他有心成为基民盟党主席，但现实情况让他无暇他顾。资历颇深的老国防部长吕厄也是如此。与吕特克斯相比，他更多的是受到黑金案的影响，选民们对基民盟非常失望，致使他在石荷州的选举功败垂成。

就在吕厄选举的前几天，迈尔茨、施托伊伯和他共进晚餐，商量下一任党主席的人选。鉴于党内高层的人物少有不被波及，以及选民心中对党内高层的怀疑和失望情绪，他们得出了"或许由州长出任主席会比较好"的结论。

他的如意算盘，在默克尔于地区联席会议上得到的强大民意支持这一事实面前不奏效了，尽管其他基民盟内部的高层们对此并不乐见。他们认为，现在让默克尔成为主席候选人还为时过早，这个时期太过特殊，全党内的空气仿佛给点火星就能燃起来，不如冷却冷却，过段时间再从长计议。

迈尔茨和吕厄还有这样的打算：让某位州长先来担任这个特

殊时期的主席，过段时间再另行选举。

客观上说，他们的考虑非常正确，这时的民众本就被政治黑金案折磨得很敏感，做出的选择也必然缺乏一定深度的思考，但实际情况是，不会再有除了默克尔之外的其他任何主席候选人了。

地区联席会议一结束，便打消了其他觊觎党主席一职的高层们或者州长们的想法。福格尔就在此时发表声明说，不会接受任何所谓"过渡时期党主席"的安排，也决不承认这样的党主席。

这种党内矛盾在一定程度上帮了默克尔的忙。这名来自东德，自 1989 年参加民主觉醒党后一路随基民盟而来的女性，即将抵达基民盟的顶点。就在 2000 年 4 月 10 日的党代会大选上，默克尔成功获得超过 96% 的选票，取得了史无前例的成功。

默克尔在采访中总是说，从她担任联邦部长到成为党主席，人生中的任何一个转折点都是惊喜，她从未真正地预料到什么。这话或许应该这么理解：每个她愿意看到的结局对她来说都是惊喜，当它们还在萌芽时，她就已经想好该如何让它们开花了。

初次见到科尔时、与朔伊布勒商讨时、作为部长参加国际会议时、面对重大危机时……每一次，默克尔都细心地埋下可能会破土而出的种子，一旦逢上雨露，她会全心全意地照料那颗小小幼苗，直到它最后开出绚烂的花朵。这一次也是如此，当她看到自己的文章让科尔和朔伊布勒互相争斗时，她会考虑基民盟之后的出路，会思考下一任党主席人选。

每一届新的主席总会为自己挑选新的总书记，默克尔选中的是明斯特地区的联邦议员鲁普莱希特·波伦茨。基于默克尔的推举，他赢得了 781 张选票而成功任职。此时，朔伊布勒仍然为党内的主席团成员之一。

默克尔也表示了对科尔的慰问,她为科尔——这位在党主席之位上度过 25 年,如今却远离基民盟的政治家的遭遇表示遗憾,同时也为基民盟不得不对科尔做出的裁决表示遗憾。她希望科尔能够理解这样的决定,毕竟政治献金事件的影响如原子弹爆炸一般。

在默克尔经历如此大的"颠簸跨越时期",媒体自不会坐视不管。早在党内一片混乱之际,《明星》杂志就用大幅版面做出了《统帅,我们需要您!》的标题。当默克尔成功当上党主席时,各种报刊争相发表评论,比如《法兰克福汇报》《日报》等,其中既有对默克尔人生的总结,也有对默克尔的怀疑,还有对基民盟未来的展望。

默克尔的当选,意味着科尔时代的终结。那么,新上任的主席究竟将如何开启一个全新的时代?这个全新的时代又将以怎样的形式呈献给广大民众?

从默克尔当上基民盟党主席的那一刻起,麻烦一个接一个,不停袭来。首先是基民盟在州议会选举中的失败,这主要是由于科尔政治黑金案的影响,导致投票人数比起以往大幅下降。随后是联盟党在税收问题上的惨败,由此默克尔和迈尔茨的关系进一步恶化。再加上默克尔在上任不过 6 个月之后,就辞退了自己的总书记波伦茨。坏消息接踵而至,越来越多的人开始怀疑默克尔的执政能力:这个东德女人到底行不行?

最初,默克尔选择波伦茨作为总书记,主要是看中他北威州出身的身份,加上此人在处理事务上也比较稳妥。对默克尔来说,她原本打的如意算盘是:总书记应该是个能与她坚定地站在同一战线的人,在具体事务上可能会持不同观点,但在大方向上一定要绝对一致；同时，此人还必须在较为恰当地处理好政务的同时，通过外界来达到一定的政治效果或影响，比如给媒体一些心照不宣的暗示，通过独特的表达方式让自己想要传达的信息恰到好处地抵达大众，但又让他们抓不到任何具体的把柄。

很显然，性情平稳温和的波伦茨达不到这样的高端要求。他很了解自己，知道自己本就不是个擅长攻击政敌的人，若只需好好处理工作，自然不在话下。如此，波伦茨只在总书记的宝座上待了5个月。由于他很好地完成了每一项工作，也算是非常体面地"下岗"了。

波伦茨本人并不因此憎恨默克尔。他对自己的定位非常清楚，若是继续和默克尔搭档，会出现更多矛盾，彼此的工作也不能很好完成。现在来看，他的这个决定非常正确。默克尔也非常欣赏他的态度，至今两人仍然是关系不错的朋友。

比起波伦茨的离开，真正令默克尔焦头烂额的是另外一件事。

基民盟和基社盟组成的联盟党因1998年联邦大选的惨败，从此变为反对党角色。令他们预料不到的是，作为联邦总理的社民党人施罗德和新上任的财政部长艾歇尔，居然有如此强大的能力，能让税收改革方案在议会通过。

在对这一政策的态度上，反对党极其不好拿捏。若是新的改革方案发挥了作用，取得了好成绩，社民党领导的政府将立下大功，这对联盟党下一届大选非常不利；而若是政策没能发挥作用，社会上就可能出现诸如"改革之所以失败，都是因为反对党从中阻挠"或者"就是因为反对党的不配合，我们的经济才没能取得应有的发展"之类的声音。不管哪一种情形出现，联盟党都没有好果子吃，因此把握自身位置显得尤为重要。正是这其中的特殊性，才要求基民盟的高层领导人拥有优秀的能力来应对。

遗憾的是，联盟党完全没有处理好这件事的能力，一时陷入一败涂地的境地。党内许多人也从默克尔当选主席的期待中渐渐陷入对现实的失望情绪里，全党气氛十分悲观。默克尔本人则对此事抱有非常不满的态度。

实际上，政府工作决议的实行是由议会党团主席负责，而协调商量决议的内容则是巴伐利亚州州长的工作，前者职务由迈尔茨担当，后者则是由施托伊伯担任，默克尔在这件事中根本不能起任何有效作用。也是因为此事，她和迈尔茨的关系开始敏感起来。

那么，究竟是什么原因导致税收改革方案被通过？

最主要的问题仍出在基民盟党内部。

经历了重重打击、动荡不安的基民盟元气大伤，在处理科尔事件的同时，还必须履行作为反对党的职务。不少基民盟支持者的背弃早已让许多党员陷入失望和惊恐中，他们非常害怕突然又发生什么让党的前途彻底无法挽回之事，在应对政治问题时也完全不能发挥自己应有的思考力和分析力，由此便对施罗德政府多有轻视。

第二个原因，则在于施罗德和艾歇尔的政治能力。他们向柏林州、不莱梅州、勃兰登堡州这3个基民盟参与执政的州允诺，会在财政改革方案通过后给予他们特殊"好处"。尽管这件事后来被评论为"联邦制的贿赂闹剧"，但不能否认，它产生了相当不错的效果。

此外，政策本身也具备一定的可行性。新提出的改革方案完全承接了1995年至1997年魏格尔改革时的经济思想，在理论方面无可挑剔，故此赢得了经济界的大力支持。

基民盟党内低估了施罗德的能力，默克尔却留了心眼儿。

在第一次见到施罗德时，她就已经知道这是个务实主义者，也是个不好对付的主儿。彼时的她显然还需历练，直到最后她也没能阻止这件事情。客观条件已经十分艰难，她的"无所作为"又让人们对主席的信任度打了折扣。对此，那时的默克尔显得委屈又沉不住气。她多次在公开场合批评迈尔茨，说他不能坚定自己的立场，处理事务有些脱离实际。事实上，这些评价有失偏颇，倒显出了她的眼光不够准确。迈尔茨对此非常生气，两人最终分道扬镳的种子也就此埋下。

不利的局面给默克尔带来了相当大的压力。怎样才能扭转乾坤？如何让党内成员从之前的打击中挣脱出来？如何凭借自己的能力取得民众的信任？这都是默克尔需要仔细考虑的问题。但对民众来说，坏消息是否会持续出现才是他们关注的重点。

5

纷争中历练前行

半路杀出的施托伊伯

有头脑的人不一定玩政治，但玩政治的人却一定要有头脑。默克尔有脑子，且还有十足的野心。

成为基民盟主席是默克尔的最终目的吗？当然不是。恐怕没有任何人在坐上这个位子之后，会心满意足进而裹足不前，并最终停在通向联邦总理宝座的路上。这就好比你打一个总共有10关的游戏，你当然没有理由在打通了前9关之后放弃尝试最后的第10关。

默克尔的最终目的当然是成为总理。

从某种程度上来讲，基民盟主席这个职位对她来说也只不过是一个跳板。要想走完这最后一程，默克尔需要赢得足够多的支持，但现在她需要专心面对的却是那似乎无休无止的争论。

2001 年，默克尔成为未来总理的候选人之一，另一位则是现任的巴伐利亚州州长施托伊伯。为了保证联盟党内不至于乱成一锅粥，总理候选人的人选要在 2002 年前定下来。这个时期，各党派都争取能在民众面前博得一个好形象，期望自己能成为最受民众支持的党派。不过，"信任"这个东西建立起来很难，倒塌却是一瞬间的事儿。基民盟就遭遇了这样一件让自己好不容易在民众中积累起来的人气衰落不少的糟心事儿。

默克尔得到的支持并不足够，这一点在很多地方都看得出来，比如在关于出兵马其顿这件事上。

2001 年，马其顿边境附近的暴力事件层出不穷，严重影响了当地居民以及周边国家居民的安全。为此，欧盟一度派遣部队前往该地区处理相关事务，联盟党也准备参与欧盟的出兵计划。

事实上，这本应是一件顺其自然的事情，也不应该出现什么漏洞，然而令默克尔没想到的是，在对是否出兵的表决中，有 68 名联盟党成员反对出兵。这下麻烦了。

为了顺利解决这一事件，默克尔和当时的议会党团主席迈尔茨共同劝说其他成员，可他们的努力显然没有起到明显作用。

这件事情还未结束，党内就出现了批评默克尔的声音。他们认为，就是因为默克尔参与到此事中间才导致现在党内意见不一致的情况。对一个政党来说，在大的问题上出现意见不一致的情况影响非常不好。而联盟党此次更像是铆足了力要让默克尔难堪似的，不断攻击她干预党内要务。

是年 10 月 22 日，默克尔在一次地方会议上对批评她的人进行了回击。没过多久，她又在巴符州党内会议中发表了一场演讲，一再重申自己的领导力和权力问题，试图扭转眼前对自己不利的政局，但似乎有些回天乏术。

默克尔遭遇的这场信任危机，既是党派之间的争斗，也是几个总理候选人之间的竞争。之前的候选人有两个，除了默克尔外，还有巴伐利亚州州长、基社盟党主席施托伊伯。但2001年2月1日，基民盟议会党主席迈尔茨宣布也要参加候选人的竞选。

竞选还未开始，激烈的角逐已在暗处此起彼伏了。在这场高手之间的对决中，比的是谁更有耐心，谁更能沉得住气。

此时的媒体大有看热闹不嫌事大之态，继续散布对默克尔不利的报道，议论她在有些政事上并非领导有方，比如对于基层机关和议会党的组织和管理工作。基民盟中一些地位举足轻重的人也附和这种说法，因为他们从一开始就不看好默克尔，现在看来，他们对默克尔没信心的地方都成为现实。

默克尔与迈尔茨的关系也呈现出针尖对麦芒的局面，这样下去只能两败俱伤，特别是默克尔可能会输得更惨。作为总理候选人之一，她在这个阶段获得的民众支持不但没有增加，反而出现了严重的信任危机。

虽说默克尔遭遇了政治上的信任危机，但真正影响她是否能就任德国总理的是她的政界对手们。每多出一个总理候选人，她就职的可能性就减少一分。随着大选日子的临近，更多意想不到的候选人涌现出来。这其中，最出乎意料的便是巴伐利亚州州长、基社盟党主席施托伊伯。

默克尔参加总理竞选，一直是众所周知的事，但施托伊伯的参选则刚好相反。不管是公开场合还是私下交流，施托伊伯一直隐晦地表达他不想成为总理候选人的意愿。直到1999年1月，在巴伐利亚州的一次会议上，他才公开宣布有可能参加总理竞选，他还打了一个比方，说总理候选人的角逐就像是一场足球赛，最为重要的是结束前的几分钟，因此他要等到2002年大选之前才能做出最终决定。

2000年11月，施托伊伯又公开表示不会参加总理竞选，原因是他还想继续留在巴伐利亚州当州长。次年10月，他以96.6%的支持率连任基社盟主席，任职演讲中，他依然没有明确表示是否参加总理竞选。

面对如此强大的竞选压力，默克尔不得不开始反思为何会出现这样的局面，为何没有得到理想中应有的支持。不仅是她，党内的其他人也在思考这个问题。对默克尔来说，这个问题很明显，她在团结党内力量上似有短板。

迄今为止，观察默克尔的政治历程就能发现，她始终是一个人，不管是应对政敌还是处理政务，她都没有培养出属于自己的力量。这也正是她的致命之处。

不管党内的成员如何团结，如果默克尔不能将这些力量紧紧地集合在一起，她的未来就非常堪忧。也就在这一时期，基社盟秘书戈佩尔公开发表言论，声称默克尔需要应对这样的局面，这也是作为党主席的考验之一。

能否真正团结党内力量、聚拢人心，关系着默克尔未来的政治生涯。此外，之前的政府发言人奥斯特也同样表示，默克尔缺少一股力量，加上此时的她在政府里并没有担任什么公职，只是一个党主席——即便她曾经任职8年联邦部长，但和州长相比，显然不够有说服力。

那么，施托伊伯为何在这件事情上保持一种暧昧不清的态度，他怀揣着怎样的心思呢？不少人认为，1998年施罗德当选德国总理的最大诀窍就在于社民党直到大选前半年左右，才公开声明决定让施罗德参选德国总理。也就是说，这种突如其来的决定没有给对手足够的时间来搞破坏，施罗德躲过了竞争对手们制造的政治风暴才得以安稳。如今，施托伊伯也效仿前总理的这种做法，越晚提名候选人越能够避开危险。此为"韬光养晦"之策。

同时，这种做法还得到了基社盟秘书长戈佩尔的支持。在他看来，联盟党的候选人名单发布得越晚，基社盟就有越多的时间扩大影响力，赢得越多的选票。而从施托伊伯个人的角度出发，他自己并不太愿意过早成为总理候选人。因为一旦被提名，就要为参选奔走行动，但是施托伊伯并不知道应该做什么。

政治家不到最后关头，决不会对自己的政治倾向表态。不过，巴伐利亚的几个很有地位的政治家对此很着急，所谓"一朝天子一朝臣"，假如施托伊伯当选德国总理，那整个州的局势就会发生翻天覆地的变化，所以州长候选人们也已经按捺不住了。对默克尔而言，真可谓屋漏偏逢连夜雨。

也就在此时，联邦议会基社盟小组主席格罗斯又出了一招——他提议朔伊布勒也参加总理竞选。对施托伊伯来说，这是一个激将法，格罗斯想用这一招来催促施托伊伯尽快出战。同时，朔伊布勒和默克尔同属于基民盟，一个党内出现两个候选人，格罗斯显然是想用此法来降低默克尔当选的概率。

默克尔没想到半路又杀出一个对手，而这个竞争者还是自己党内的同事。只是，朔伊布勒对于是否参加竞选并没有明确表态，他倒是很享受格罗斯提名他为总理候选人这件事本身。没想到，格罗斯提名朔伊布勒的事情一出，各种支持的声音纷至沓来，比如巴符州基民盟议会党首领君特·沃伊廷厄便是支持者之一。

在这种情况下，戈佩尔却公开发表声明说，格罗斯并不能代表基社盟，提议朔伊布勒做总理候选人只是格罗斯个人的行为，最多只能算是州小组的态度。

再来看看此时的施托伊伯。政局越紧张，各种言论越是将他推入竞选的洪流中，由不得他再犹豫。在一次联邦党代会上，施托伊伯确认所有州长无一例外地拥护他时，正式表态接受意见，成为总理候选人之一。

面对如此糟糕的局面，基民盟的许多重要人物开始劝默克尔离开。这件发生在党内的事情本来就有损她的威信，没想到萨尔州州长米勒在接受媒体采访时，还将此事透露了出来。默克尔大怒，不但严厉质问米勒此事，还将质问的事情公之于众，试图在民众心中勾勒出一个不信守承诺的米勒形象。可惜，事与愿违，拥护米勒的人非但不见减少，还多了很多。

联邦议会党副主席沃尔夫冈·博斯巴得知此事，斥责那些认为米勒是在对默克尔发动政变的人说，大家只是明确地表达自己支持的候选人——比如米勒觉得施托伊伯更合适，这是在表达自己的态度，绝非什么政变。很明显，此时已经出现一边倒的局势，可默克尔并没有被这种局势吓住。

纵然很多高层领导人都劝她退出这场旋涡，可她依然在等待，也许她认为，静观其变是此时最好的解决方式。

面对默克尔这种坚定的态度，许多媒体到施托伊伯处寻求看法，但没有一次得到想要的答案。

政坛风云变幻，局势的转变也许只是一念之间。施托伊伯希望别人能将候选人的资格拱手让给他，默克尔会如何做呢？

以退为进，攻守相宜

危机即是转机，很多时候，往往后无退路之际才是豁然开朗之时。2002 年 1 月 11 日，一场在马格德堡举行的会议把默克尔推入更深的旋涡中，却也给她带来了更大的改变。

默克尔预约了施托伊伯的私人时间，提前一天乘坐飞机从杜塞尔多夫飞到了慕尼黑，第二天抵达巴伐利亚，到施托伊伯家中做客。施托伊伯并不知道默克尔此行的来意，但看得出来他很激动。

两个人愉快地共进早餐，直到默克尔起程离开，施托伊伯还沉浸在惊讶之中——因为默克尔此行的目的是来告诉他，她决定放弃总理候选人的资格。这对施托伊伯真是天大的好消息！那么，默克尔葫芦里到底卖的什么药呢？

默克尔之所以会做出这样的决定，主要还是迫于各方的压力。就在这一天，基民盟主席团和联邦理事会的会议在马格德堡的一个酒店里举行，众人还未坐定，会议就进入了讨论的高潮，参会人员一致要求尽快确定总理候选人。

不出所料，各位州长们都表示，总理候选人应该是施托伊伯。如此，局势很快就明朗起来了。另外，原本已经订好休假计划的黑森州州长科赫特意放下假期，赶来表明自己的立场——不喜欢默克尔。

不难想象，这是针对默克尔的一场政治变革。

虽然也有基民盟的成员要求自己的党主席做候选人，但是州长们的气焰着实嚣张。基民盟的成员们这才反应过来，这个会议确实是针对默克尔的一场有计划的政变。

再说默克尔，她离开施托伊伯家后，便马不停蹄地赶往基民盟的年会。来到会上，她说了这样一番话："什么样的人最应该成为大选的候选人呢？当然是最有可能当选的人，我一直这样认为。符合这样标准的候选人，除了要本人同意或者党内领导者的举荐，最重要的一点是能够让大家团结一心。我觉得，整个基民盟都会齐心协力地支持施托伊伯成为总理候选人。"

不得不说，默克尔实在高明。在局势一边倒之际，她用一个大胆的决定和一顿早餐自救成功。

假如默克尔没有提出放弃候选人资格，而基民盟背离她的意志支持施托伊伯成为候选人，那就意味着基民盟对她的不信任，一旦落选，她就一定要从基民盟离职，因为她不是输在了对手手上，而是输在了自己的阵营中。所以，默克尔放弃候选人资格的决定无比正确，这也使得很多人不必再纠结站在哪一队了。

其实，默克尔的这种做法在德国并非没有前例。1976 年，莱法州州长科尔获得了 48.6% 的民众支持，成为当年基民盟的总理候选人，这成为基民盟有史以来排名第二高的支持率。不过，那时在巴伐利亚任州长的约瑟夫·施特劳斯并没有对科尔表现出支持的意愿。

1980 年，总理大选如期来临，科尔并没有参加这次大选，而让联盟党内的下萨克森州州长埃恩斯特·阿尔布莱希特参加候选人选举，与施特劳斯相抗衡。结果埃恩斯特·阿尔布莱希特败下阵来，而总理候选人施特劳斯在后来的大选中损失惨重。假设参选的是科尔，他一旦选举失败，就要辞去基民盟主席的职位，可以退为进的策略却让他成功地为后来参选总理铺设了道路。

通过效仿科尔的做法，默克尔一样成功地化危机为转机。

自从成为总理候选人，默克尔就危机不断。从信任坍塌到不断杀出的对手，四面楚歌的情况下她成功地扭转了局势，原本基民盟党内沉重的气氛也霎时轻松许多。

就在默克尔宣布放弃总理候选人的马格德堡会议上，图林根州州长、政界元老级人物福格尔称赞默克尔说：这个女人充满了智慧，竞争的同时不忘维护自尊。

各方的赞扬也随之而来，大家佩服她的勇气和胆略，能够做出这样的决定，能够在这样的会议上公之于众，实在非常人所能。默克尔重新树立起了一个好形象。

默克尔在基民盟的同事们都知道，即使是对手林立、危机重重，她也未曾想过放弃，她一直拥有坚强的意志和对局势冷静的分析，坚守着总理候选人这个角色。而在危机四伏之际，执拗地坚持也许会让事情变得糟糕，她在众人都不知情的情况下，迅速改变政治策略，与施托伊伯达成了共识。

表面上看，默克尔失去了总理候选人资格，但在她自己看来，这不是一件让人痛苦的事情，她在这个过程中收获的有关候选人的经验，对于以后的政坛之路会有巨大帮助。

默克尔成功地化危机为转机的一个重要原因，就是对局势的清醒认知，之前她的目标就是尽全力做好总理候选人的准备工作，之后她的目标就是与党内人士齐心协力帮助施托伊伯取得大选的胜利。

默克尔和施托伊伯的合作使得联盟党内部一片和谐，对于大选的准备工作也渐渐进入正轨。仿佛万事俱备，只差最后一个胜利的结果，怀揣如此自信的态度不是没有理由的，从大选前的民意调查看，联盟党优势非常明显。

在能够影响大选的许多政治活动中，联盟党的得票都远远多于社民党。民意调查发现，对于是否能带动国家经济高速发展的问题，一半的德国民众对联盟党很有信心，而只有1/3的人表示支持社民党。

据调查，对最能左右此次大选的失业问题，认为联盟党能够解决这个问题的人比支持社民党的人多了11%。从这个比例来看，联盟党具备压倒性的优势。

而在其他问题上，两个党派各有优势，互相咬住不放。这种时刻，谁更有能力解决选民心中最关注的问题，谁就是最后的赢家。因而，联盟党对现在的形势充满信心并非没有依据。

不过，不到结果公布的那一刻，谁又能猜到哪个政治问题最能左右选票？谁又能知道花落谁家、鹿死谁手呢？

除了联盟党和社民党，还有一个重要的党派，这便是此时的联邦总理施罗德带领的红绿联合执政党（即社民党与绿党的联盟）。

2002年夏天，一项对德国民众的调查显示联盟党有希望打败掌管德国4年的总理施罗德。尽管形势一片大好，但默克尔并不松懈。在准备大选的过程中，她的每一步都走得相当有头脑。

在竞选初期的基民盟党代会上，默克尔的表现可圈可点，既为自己拿到了更多的支持，博得了更多的好感，又突出了自己和施托伊伯的合作，给党内议员们打了气。而其中最有影响、对默克尔最有好处的一招，就是邀请科尔回到基民盟。

没有永恒的敌人。默克尔和科尔之前闹得"不欢而散"，可此时又能"同仇敌忾"，其实也是各取所需。

在这次党代会上，科尔发表了讲话。尽管此次讲话只有30分钟，可对这位前任领导有着深厚感情的基民盟成员们仍然非常激动，加上讲话本身就非常感动人心，因而取得了不错的效果，同时也让基民盟的成员们对默克尔的好感有所提升。

此外，默克尔作为党主席，自然也发表了演讲。作为大选前的鼓舞讲话，默克尔充分发挥了自己具有强大带动力的讲话特性。她不断地强调如今的基民盟可谓处于最佳状态，党内情况一片良好，各项决议都取得了党内一致同意，万众当真是拧成一股绳往前冲，议员们被鼓舞得激动不已。

在如此具有煽动性的场面中，默克尔也出奇地保持着冷静，在讲话中时不时地提醒众人，世界上没有一件事是绝对的，千万不要提前想基民盟胜利了该如何。

事实的确如此，尽管全党整体上呈现出一片祥和之貌，但实际上仍有争论和摩擦。比如，默克尔在党代会上否决了要与社民党大联合的提议，这就让施托伊伯周围的人非常生气，可他们的态度也不敢太过强势，只是旁敲侧击地暗示默克尔不要发表这样的言论。

再多的准备也是为了大选中那重要的一刻。联盟党内大部分人原本都非常看好此次竞选，然而最终结果却令他们大跌眼镜，甚至连施罗德自己都没有想到在竞争水平几乎相当的情况下，自己能以微弱的优势赢得这场战斗，再次当选德国总理。

从失去总理候选人到支持的政治家落选总理选举，默克尔接二连三地遭受政治上的打击。联盟党输给联邦政府其实并不奇怪。在总理大选之前的8月份，易北河地区就曾发生一场严重的水灾，这给了政府一个很好的树立形象的机会。这种时候，只有政府能主动站出来处理危机，其他党派基本只能观望。

随后，德国国内的政治情形又受到了伊拉克事件的严重影响。国内的民众并不希望参与这场战争，德国联邦政府也在第一时间明确表态，不会帮助美国攻打伊拉克。虽然基民盟始终与大洋彼岸保持着友好往来，但并没有明确说明自己的立场。在德国没有收到出战请求的情况下，施罗德打了个幌子，声称德国收到了这样一份邀请，还谴责联盟党有可能会让德国卷入一场恶劣的战争中，同时他还对民众们心中的恐惧表达了深深的认同感。

施罗德的这种做法深得民心，尤其能打动那些还活在"二战"恐慌中的民众，这反倒使联盟党陷入了极其被动的局面，也严重影响了施托伊伯的形象。之后的民意调查显示，施罗德获得了63%的支持率，而支持施托伊伯的只有17%的选民。

虽说在发展国家经济和解决就业问题上，施托伊伯以33%对24%和33%对18%赢得了胜利，但此时的德国社会明显对于伊拉克战争可能带来的恐慌远远超过失业所造成的恐慌，最终大选以施罗德连任告终。

此番对垒默克尔失利不少，无论是她还是她的"阵营"，都竹篮打水一场空。很多事情就是这样，总会在你觉得只欠东风的时候就欠"东风"。

失利后，转身再战

从竞选本身来说，联盟党最终失败也并非完全出乎人们预料。

左右选民意愿的最大因素，就是选民的个人权益。对现代选民来说，家庭环境中的政治影响力越来越小，他们往往会将个人的权益作为衡量投票支持谁的标准，而且通常是在快投票时才做出决定，所以投票之前调查的民意和最终投票的结果大相径庭也不足为奇。

此外，候选人的人格魅力，在大选中扮演着越来越重要的角色，有时甚至会成为左右结果的决定性因素。

在德国的这场大选中，施罗德和施托伊伯在电视上展开了一场公开的辩论，其中一个问题是，要两位候选人聊聊自己的妻子。施罗德将自己妻子现代社会女性的一面展露无遗，这让德国众多年轻女性芳心大悦；而对于这一点，施托伊伯却哑口无言。

参选党派一贯以来的形象问题也相当重要。对形象的评价，更多地仰赖长期支持某个党派的民众。民众对联盟党形象的认可，来自联盟党长期以来致力于德国国内统一、与国际合作以及欧洲政策法规的研究，随着社会形势的转变，联盟党关注的问题也随之需要进行调整，此时的他们专心于德国经济和债务，以及国家安全等政治问题的研究。

在社会形势和结构发生急剧变化的过程中，社民党没有及时转变政策，因此失去了大批选民：虽说联盟党随社会发展而变革了政策，但依然丢失了部分选民。尤其当德国的绿党登上政治舞台。这个最早以保护环境、反核和维护和平为己任的组织，迅速拉拢了部分受过高等教育的选民，据统计，绿党的崛起导致一半以上的选民更改了原来支持的党派。

由此不难看出，联盟党在总理竞选中落败是在情理之中。不过，施托伊伯和默克尔都对这场大选的结果感到很伤心，因为大选中联盟党的得票比之前提高了3.4个百分点，但全部得票率仅仅只有38.5%——这是1949年以来，联盟党得票倒数第三的数字。

社民党在这次大选中得票比联盟党多 6027 张，它将与绿党继续联合执政。在联盟党看来，这种联合执政的局面不会维持太久，但似乎局势并没有向他们想象的方向发展。

之前，默克尔全身心投入到支持施托伊伯参选总理的工作中，没想到又一次遭受打击，如何保住自己的政治地位是她此时亟须解决的问题。

大选的结果一出，默克尔没多少时间沉浸在失望之中，当天晚上，她就投入到了下一步的工作中。要想尽力保住自己的地位和权力，最好的办法就是夺取迈尔茨的宝座，也就是成为联盟党议会党团的主席。

默克尔的这种想法使得她和迈尔茨的关系越来越紧张，党内许多人也开始怀疑她这种做法的意图。但是，这丝毫没有干扰她要做议会党团主席的决定和行动。

议会党团主席的第一轮选举，是由党内全体议员投票得出，选票还没有统计，但从民意来看，默克尔当选的可能性最大。迈尔茨不愿意卸任议会党团主席，且态度非常坚定。党内唱票的时候，默克尔、施托伊伯和迈尔茨正在基民盟的总部对新旧主席接任等相关问题进行探讨，选票结果传来，和大家猜想的结果一致——默克尔当选新一任主席。迈尔茨则当场表示要求继续任职议会党团主席。

选举结果出来没多久，基民盟召开主席团内部会议，现场风起云涌，默克尔和迈尔茨进行了正面交锋。既然民意已定，主席团的其他成员都会尊重这个结果，大家对默克尔担任议会党团主席没有什么异议。唯独一个提出异议的便是迈尔茨，一方面，他认为应该将议会党团主席和党主席这两个职务分开；另一方面，他质问默克尔是否有能力做议会党团的领导者。

质疑声刚落，现场一片寂静，没人敢去触碰这枚炸弹。默克尔的态度很坚决，那就是坚持民意，她根本没有理会迈尔茨的质疑。会议室的空气就像凝固了一样。

黑森州州长科赫打破了这个尴尬，提议党团内部加设首席副主席这样一个职务，提供给迈尔茨，让他成为主席和主席团成员间相互沟通的一个绿色通道。

默克尔对这个提议没有表态，此刻谁退让一步，谁就好像失去了主动权，没人想在新班子组建之初就陷入被动境地，双方一时僵持不下。幸好，打破僵局的人出现了，他助了默克尔一臂之力，一把将她推上了议会党团主席的宝座，他就是施托伊伯——他特意从慕尼黑来到这里支持默克尔，为默克尔取胜添了一个重重的砝码。

最终，议会党团主席的人选尘埃落定。

实际上，从当时议会党团的情况来看，和默克尔站在同一个阵营的人并不多。要想得到这个主席职务，就要迅速笼络人心。其实，在大选之前，默克尔就已经开始着手准备，她发现新晋的联邦议员都是些年轻人，几乎占了未来议会党接班人的1/3，因此那时她就开始重点关照这些年轻人。

然而，迈尔茨并不是一个容易打败的对手。首先，他在党内人气很高；其次，因为议会党团内的许多人并没有表现出支持默克尔的态度。党内推选党主席的标准，是要联盟党内的两个党——基民盟和基社盟的主席达成一致意见，双方都支持的那个人才能成为议会党团主席。根据民意和职权来看，有可能担当此职务的有3个人，即默克尔、施托伊伯和迈尔茨。最终，施托伊伯的选择成就了默克尔。

当选了议会党团主席，默克尔也没时间松一口气。2002 年 11 月 11 日，基民盟召开党代会。这时，已经离大选过去近两个月了。默克尔清楚，大选落败后，党内的很多人对她有意见，把党代会的时间定在这个时候，也就是给大家一个缓冲的时间。虽说基民盟内部对默克尔心存芥蒂的人还有不少，但成为议会党团主席的默克尔权力大增，识时务的人都不会再发表什么激烈的言辞，主席的面子始终是要给的。

可想而知，在这种气氛中的会议必然没有什么活力，参会人员对默克尔的态度表面上看来都很得体，但心中并非真的那么尊敬。当天感冒的默克尔状态也不好，演说没有平日里那么振奋人心。不过，最终她还是以 93.7% 的高得票率再次成为基民盟的党主席。据说，投票选举时，有 200 多人还在休息，没能参与这次选举。

在政治对决中，有人赢就有人输，有人欢喜就有人忧愁。而这次事件里，最难过的无疑是迈尔茨。也许，这个结果在默克尔和施托伊伯的那顿早餐上就早已决定。迈尔茨坚持认为，他不是败在了实力上，而是败在了这两人的交易上——默克尔一定用当时的总理候选人资格换取了今日的议会党团主席职务。

这件事着实给了迈尔茨重重的一拳，生过闷气之后，他决定回击。

数月之后，他控告默克尔和施托伊伯没有按照大选之前党内定下的约定行事，即假如大选落败，迈尔茨、默克尔和施托伊伯 3 人应共同商定谁来担任议会党团主席，且最后人选不能违背 3 人中任何一人的意愿。

这是迈尔茨所能抓住的最后一根稻草，遗憾的是，他的控诉没能得到重视，因为那显然是一个很难达到的约定。

最终，议会党团内部选举迈尔茨为副主席，起初他拒绝了，而在进行多方面的考量之后，他还是接受了这一安排，掌管党内很重要的几个方面，比如财政大权就在他手中。

虽不至于两手空空，迈尔茨也不见得多么兴奋，他也未因获权而开怀，因为他觉得这不是默克尔的决定，一定是格罗斯和施托伊伯对她施加了压力，她是在不得已的情况下松了松"绑绳"。

党内两个重要领导人心有间隙，到底会给议会党团带来什么问题？显然，问题一定会有，也自会产生可想而知的影响。默克尔以退为进，左右盘桓，终于如愿以偿坐在了心驰的位置。而她知道，这并不是所有事情的结局。

在纷争中历练

政治是一把双刃剑，给人荣耀，也会给人屈辱。默克尔受过屈辱，她深知自己在承受屈辱之后将获得什么。

不管外界和党内的人如何议论和评价，从默克尔自身来看，她一直在努力朝着她的目标前进，而且取得了不俗的成绩。虽说2002年红绿联合执政党以微小的优势赢得了大选，但在之后的2003年举步维艰，反倒是基民盟在默克尔的领导下步步为营。

科赫以很强的优势再次成为新一届黑森州州长；巴伐利亚的选举上，基民盟史无前例地获得了绝大多数的州议员名额；在施罗德的地盘下萨克森州，之前的执政党是绿党和社民党组成的联合党，武尔夫却带领基民盟取得胜利，与自民党共同组成了新一届执政党；基民盟和社民党成为不莱梅州的联合执政党。

无论是什么样的政坛职务，当选并不是目标的结束，而是新任务的开始，是去解决随之而来的一系列问题的端口，施罗德和默克尔也概莫能外。

施罗德连任总理之后，大张旗鼓开展的就业计划宣告失败，给政府处理政治事务带来了不小的压力。之后的阻力更是一个接着一个，对于条件不够完善的卡车收费制度以及其他改革计划，政府不但迎来了一堆反对声，经济上也蒙受了损失。与此同时，联盟党在内政问题的处理上也并非得心应手，各种争端不断涌现到默克尔眼前。

在需要为国内政治问题分担责任上，默克尔带领的联盟党确实做得不错，联盟党与执政党的关系也日渐亲密。只是，下面的各个州并不那么配合，他们的立场在于自己的权益是否得到了保障。作为领头羊，联盟党会制定一系列政治发展策略，可将权力看得很重的各州州长不会轻易接受这种安排，也不希望执政党的大手随意地伸到自己的地盘上。

为了解决这些问题，联盟党多次安排会议，希望积极主动地促进州长与党的融合。州长们却并不买账，他们总是有理由推掉会议，以一种躲避的态度来面对这些大家要共同面对的问题。

当大家不在同一个立场时，就容易催生出小团体。比如，黑森州州长和北威州的一名议员相互联合，出示了一个有关缩减补助和津贴的规定，这事儿让北威州的州长非常生气。

对于这样一种纷杂局面，默克尔也束手无策，她没法参与其中，做旁观者又不太合适，只得试着主持局面了。那么，为何默克尔会陷入这样左右为难的情况之中？

最主要的原因是，作为基民盟主席，默克尔首先要保住自己的党派，争取不被执政党和其他的兄弟党派攻击。而要想在执政党的领导下赢得一片生存之地，最基本也最直接的方式就是支持施罗德新官上任后采取的改革政策，虽说她内心并不想帮助施罗德获取政治成果。

在这样的情况下，默克尔要想有足够的力量与州长们相抗衡，需要一个强有力的帮手。幸运的是，默克尔身边确实有这样一个人，那就是施托伊伯。作为之前的总理候选人之一，施托伊伯本身的形象就代表着党派之间的调和统一。与施托伊伯站在一条战线，默克尔的形象也会大大提升。

与此同时，施罗德政府提出了新的减税改革方案。2003年春天，施罗德将改革方案中的一步提前了一年推行。7月份，默克尔和施托伊伯在给施罗德的信中表达了对这个政策的支持，同时，也表达了对"贷款来解决减税问题"的反对。

施罗德用了很大的力气，好不容易才将医疗改革实施下去，这其中不免有反对和妥协的情绪，这些都会在之后的政治活动中爆发。其他改革方案的通过也是如此，一轮一轮的投票和对抗之后，年底前终于将劳动力问题和退休制度等相关政策施行了下去。

此后不久，基民盟内部又爆发了首起裁撤党员事件，这在当时无疑引发了众多议论。

事件的主角叫马丁·霍曼，这位联邦议员发表了一番关于德国民族和犹太人是否犯罪的言辞，宗教的敏感性加上言论的粗鲁，给基民盟的领导班子带来了很大震动。当然，处在风口浪尖的除了霍曼还有一人，就是基民盟主席默克尔。

默克尔随即做出回应。第一步，先让议会党团内和霍曼同属一个地方、同样信奉天主教的议员们表明自己的立场，同时向社会各界致歉，也就是要表明霍曼的言辞仅仅是他一个人的观点，并非议会党团的态度；第二步，奉劝霍曼辞去联邦委员的工作，勒令禁止他发布纳粹党执政期间的劳工赔偿事宜。

在各方面的压力之下，霍曼表示将三缄其口，不再发表与此相关的言论。可是，他并没能遵守自己的承诺，这便把他自己推入了一个尴尬的境地。

没过多久，霍曼就接受了德国一家重要电视台某栏目的访问，并且将之前引发大震动的言论又重申了一遍。

在此次访问中，霍曼的表现变本加厉。他再三强调，在过去的战争中，犯罪的并不只是德国民族。单从党的性质和纲领来看，纳粹党甚至在很多地方与布尔什维克党非常相似，比如两个党都坚持无神论，都没有将宗教纳入党的纲领里。因而，将纳粹党一竿子打翻是不正确的。

此外，犯罪的又不是只有纳粹党一个，难道犹太人就没有错吗？在他看来，犹太人也同样"罪不可赦"，单单将罪过归在纳粹党身上也是不对的，犹太人也应该为他们的所作所为付出代价。

这番让默克尔等基民盟领导人头疼不已的言辞，本应"极力掩盖"，没想到被霍曼公之于众。更离谱的是，在记者穷追不舍的逼问下，霍曼还在专访现场展示了向他表示支持的信件，其中有一封竟然来自联邦政府的将军。随着电视节目的播放，这名将军被国防部长训斥并撤职。

默克尔的处理态度是——将霍曼开除出议会党团。

周围人发出一片议论之声，众人都觉得默克尔如此对待霍曼太客气了，应该将他一脚踢出基民盟才对。默克尔深思熟虑，深知霍曼的言辞虽然过于粗鲁，在党内有时太过执拗，但他这个人不是本质上的口无遮拦，多数情况下还是安安稳稳的。犯了错需要惩罚，但将霍曼踢出基民盟有些严重。

随即，默克尔将自己的决定上呈给联邦众议院，可并没有得到批准。在副议长看来，一个联邦议员既然已经不是议会党团的一分子，还依然属于基民盟的话，情理上说不过去。最终，默克尔也迫于若不惩治实在难掩悠悠众口之压力，只能做出决定，撤销霍曼基民盟党员的身份。

当时，撤销霍曼党籍一事，并未得到党内所有人的赞同，默克尔的党内对手们也将此事全部推到了她的身上，以此作为攻击的话柄。此事当真引起不小风波，默克尔亦是在重重压力下艰难生存着。幸而，在此难缠时刻，基民盟党代会随即而来，这样的大事，自然引起了所有人的关注。

处于鳄鱼之塘，保命者自有其非常之法。默克尔在基民盟的枪林弹雨中左右闪躲，不免会"挂彩"，好在她一路摸爬滚打，练出了一副好身手，方能在硝烟之中占据一方。

6

吹尽狂沙始到金

找一条自己的政治路

战场的士兵以战壕沙袋为掩护，政坛上的政客们也一样有掩身方法。毋庸置疑，寻找到适合自己的政治道路是减少与对手直接对垒的万全之策。"霍曼事件"又一次让默克尔手里多了滚烫的山芋，幸好基民盟党代会如期而至。

会议上，首先被提及的改革议案是由德国前总统赫尔佐克手下的议员们提出的全民社会保障问题，民众的保险将改革成保费。最终，议案通过，并会在德国完全执行。

是时，最值得关注的是基民盟和基社盟的关系。

当天，施托伊伯也提出了有关税收的改革意见，但从与会人员的掌声持续时间来看——鼓掌时间仅持续了一分钟，而2002年的党代会掌声时间是这次的几倍——施托伊伯并没有受到太大欢迎。他并不觉得这是自己的问题，他认为这是"上面"的意思，而参会者只是在用这种方式迎合"上面"的需要。

事情是不是如他所想的那样？

其实，基民盟内部确实对施托伊伯和基社盟有些意见，尤其在巴伐利亚州副主席泽霍夫公开指责基民盟发布的一系列政治决策后，这种愤怒的情绪更甚。

对会场上气氛十分敏感的，除了当事人，就是媒体。很快，掌声稀疏之事就登上了部分刊物，媒体还把这看作是基民盟对施托伊伯的不尊重。基社盟秘书长也对这件事做出回应，谴责"基民盟太不成熟了"。

实际上，早有人看出了这其中的奥秘。

基民盟的人只是想通过这种方式告诉巴伐利亚州，州长施托伊伯的总理候选人时代已经远去。这不是党代会上才出现的想法，在这之前施托伊伯的力量已日渐微弱，人们心里已把默克尔与施罗德放在了同等重要的位置上。

听到风声的媒体，开始对此大加宣传：默克尔用实际行动消除了人们对她的不信任；之前很少有人觉得她能够掌控一个党派，如今再没有人这样说。

对于这次的党代会，默克尔还设立了一个目标，即让基民盟拥有新的政治纲要，让全党内外呈现焕然一新的状态。很显然，她做到了。在媒体眼中，默克尔终于成为基民盟的"一号人物"，成为俯视全党的人。

可令默克尔没想到的是，整个2004年就像一件脱了线的毛衣，麻烦事一旦开头就一发不可收拾。这时候基民盟内部发生的两件丑闻，让默克尔颇有恨铁不成钢的感觉。

丑闻都与电费有关。

首先是约瑟夫·阿伦茨。作为原基民盟内部专门负责社会福利问题的人员，被控告拥有不缴纳电费的特权，这让不少民众愤怒不已，知法犯法更是让民众难以接受。除此之外，调查团还发现他存在收受贿赂的情况。后来，他再没能进入基民盟主席团，而且还遭到了不少党内人士的批评。

第二件事发生在迈尔身上。他是原基民盟书记，深得默克尔信赖，只是没想到会出这样的事情。他被控告的罪名是，在缴纳电费时享有一定的优惠。

由于两件事情的夹击，民众对这类事件绝不能宽容，而党内呼吁迈尔下台的声音也越来越大。

起初，默克尔还试图保住他。在默克尔看来，尽管迈尔出了些问题，但处理大事的能力仍然可圈可点，就此抛弃他非常可惜。遗憾的是，公众和党内的压力越来越大，加上后来迈尔又被查出拥有一笔来源不明的资金，这无疑是火上浇油，默克尔也无计可施，不能再度容忍。可气愤的默克尔还是保留了迈尔的职位，这让党内出现了一片抗议之声。最终，迈尔顿感无颜，自己提交了辞呈，结束了这一事件。

此后，默克尔向前联盟党主席朔伊布勒发出邀请，希望他能担任迈尔的职务，但出乎她意料的是，朔伊布勒拒绝了这一邀请。

无论出现什么样的问题，太阳依然会升起，工作仍然要继续。新接替迈尔的是考德尔，一个任劳任怨的默克尔的支持者。

新成员的加入，为基民盟带来了更多新鲜的血液。

是时，联盟党内部关于医疗保险问题的争论也出现了矛盾。在2003年的基民盟党代会上，默克尔决定全面、彻底地改革全国医疗保险制度，并豪言壮语地表示将于2004年在国内全面施行。德国原来的医疗保险是与国民的工资收入直接挂钩的，基民盟的改革要点便是要取消这种关系，改成按照人数来确定费用，这被叫作"人头费"。

"人头费"起源于"人头税"，而"人头税"则是20世纪80年代撒切尔夫人执政期的产物。彼时，撒切尔夫人在英国进行财政改革，增加了新型税种"人头税"，由于这一税种的施行，当时的英国各地爆发了强烈的游行示威暴动，从而也促使撒切尔夫人下台。

而此时，基民盟提出的"人头费"医改政策，不禁让民众联想起英国的那次动乱。不出所料，这个名称让基民盟遭遇了巨大的名誉危机，虽在一片争论声中，政策名称被改为"合作医疗费"，但之前带来的负面感受已在人们心中布下了阴影。

在一次会议上就全盘改掉之前的政策而实行新政的做法太过偏激，因此在党内遭到激烈反对也不是什么怪事。此前，德国的医疗保险是由全国来共同承担的，改革后的合作医疗模式会给低收入的家庭带来不小包袱。除了民众怨声载道之外，施罗德带领的执政党也抓住了联盟党的这条"小辫子"，不停地对他们进行公开斥责。

基社盟也没有对此保持沉默，这个政党虽然小，对权势名望的要求却并不小，反对的声浪一阵高过一阵。州副主席泽霍夫并不负责党内的社会福利问题，但他从头至尾都表示强烈的反对。

他认为，基民盟在党代会上通过的税收和福利政策相互矛盾，并且没有可行性。

连自己的手下都在全心全意地考虑社会福利问题，基社盟主席施托伊伯哪能显得连下属都不如呢？因此，他支持默克尔的可能性不大，这使默克尔失去了对自己最有利的盟友的推力。

在党内各方的施压下，施托伊伯提出了全新的社会医保方案，这对默克尔而言更是雪上加霜。在他的方案中，所有的变革都循序渐进地进行，也更加契合民众的要求，切实地考虑到了民众的切身需要。

不过，从联盟党内部的情况出发，这个政策不可能被通过。由于默克尔的坚持，加上社会问题本身就是一个政党非常关键的问题，哪怕有人在这个问题上让步，这所代表的意思也完全没有单纯的让步那么简单。因此，基民盟和基社盟进入了僵持阶段。

这样的僵持持续了近一年的时间。大家开始慢慢觉得，这个问题可能将成为两个政党的死结，未来联盟党的合作将可能遇到更多的麻烦和危机，能否再次亲密无间地团结起来也将是未来基民盟面临的重大困难。

然而，谁也想不到，在一年一度的党代会来临之前，这个问题解决了。

最终，两个政党各退一步，推出折中的医保政策。这样的决定让联盟党内部避免了许多问题和隔阂，也让党代会能够如期举行，但许多民众非常不满。这是一个折中方案，在很多问题上都显得非常应付，而民众也明显感到了联盟党的这种"漫不经心"，由此给联盟党带来了极其不良的影响，社民党反而坐收渔翁之利。

难道，联盟党内部就从来没想过会产生这样的后果吗？肯定不是。政治家会把最坏的可能都想到，只是这个改革的决定权基本都掌握在默克尔手中，而她采取的对策是听取财政专家团的意思，并没有将基社盟的意见考虑在内。

此后，联盟党内部可谓默克尔一家独大，她通过这种"技高一筹"的方式，为自己铺就了一条别样的政治路。

接招儿，施罗德

卧榻之侧，岂容他人鼾睡？政治家们的政治属地，从来都不允许他人插足。当然，没人能一直霸占着某块领地不放。只是，一旦哪块蛋糕被盯上了，它即刻成为群雄必争之物，群雄也在心里对其默认了所有权。默克尔与施罗德，就是"总理"这块蛋糕的争抢双方。

2005年的大选还没到来，德国已经陷入一团纷乱之中。各党都在最后关头争取进入议会的权利，拉选票，拢民心，还不忘攻击对手。特别是德国最大的两个党派，施罗德领导的社民党和默克尔领导的联盟党，两党之间口水之战不断，利益之争不停。纷争中，似乎大家都渐渐变得疲惫和厌倦，都期待着大选快点到来，尽快为这场没有硝烟的战争画上句号。

默克尔的总理之争并非一时兴起，谈起她的铺陈之路，可就说来话长了。

2003年时，基民盟计划在莱比锡召开党代会。党代会的时间还没到，默克尔就已开始为自己地位的崛起造势了。党代会召开前的两个月，默克尔来到柏林历史博物馆的政治论坛，发表了一场慷慨激昂的演说，题目叫作《德国的未来在哪里》。她在这场演说中，将自己的主席风度展现得淋漓尽致而又恰到好处。

"假如没有默克尔，您觉得基民盟缺失的是什么？"

"我。"

这是一个记者曾经提问默克尔的问题，而她的回答只有一个字。

默克尔用这个作为演讲的开场，她说世界上没有假如，这件事情绝对不会发生在她身上。一开场，默克尔便为整个演讲注入了自信和气势，处处彰显着她身上独特的领导魅力。她为这次的演说做足了功课，论坛的相关人员也非常配合。

场上，默克尔胸有成竹，场下坐着的是许多联盟党的重要人士，这些人都专心致志地听着，在他们看来默克尔成为 2006 年总理候选人的可能性最大。

施罗德曾公开批评联盟党封锁改革政策的做法，演讲中默克尔对总理的这一说法进行了反驳。她表示，联盟党从未也不会采取封锁的政策，对于改革也会以公正公平的态度予以处理，而且她不担心彼此之间有争执，因为这可能是一个好政策诞生的契机。期间，默克尔表达了对前西德总理勃兰特的欣赏，她觉得根据勃兰特、科尔和阿登纳提供的政治策略，德国也许会达到统一的状态。

2003 年 12 月，基民盟党代会在默克尔的政治生涯中就像是一座里程碑，在这次会议上人们开始关注她、认可她，包括认可她的领导力和政治观点。

随着默克尔成为基民盟的"一号人物"，基民盟在 2004 年的发展形势也一片大好。2 月 29 日，冯·波伊斯特带领基民盟参加汉堡的城市大选，结果一出，震惊四座，选票增长率达到 20%——这是史无前例的。毫无悬念，基民盟无须和别的党派共同执政，它成为了汉堡城的独立领导者。

与之相比，施罗德带领的社民党形势却每况愈下。大选中，施罗德关于解决失业问题的承诺并没能兑现，由此引发了选民流失，社民党支持率急剧下降。情况紧急，为了更好地专注于总理事务，施罗德虽然已做社民党主席5年，但也不得不辞去这一职位。

不管怎样，如今联盟党内的局势已基本被默克尔掌握在手中，此时的她无须看别人的脸色，无须拉拢某个帮手。这也许是不经意间的成就，也许是准备许久的结果。总之，在一次次的失败和打击中，默克尔一点点积累着经验，一步一个脚印地在总理竞选的路上前进着，她不断与政敌周旋又不断地提高自己，逐渐成为一位能独当一面的领导人。

时光飞逝，2005年9月18日到来。只是，大选这天的到来非但没有结束纷争，反倒拉开了一场新的混战。

先来看看德国的大选制度。一个党要想成为德国的执政党，必须拥有半数以上的议员席数。要想拥有议员席数，前提是进入联邦议会，进入议会的标准是德国选举制度中的5%条款，意思是所在政党要得到全民5%以上的支持率，并且有多于3个的选区议席才可以，这两个条件缺一不可。然而，2005年这场选举的第一轮，没有一个党派顺利地获得入场券，他们都没有获得一半以上的议员席数。

按照德国宪法规定，单个政党议员数目不足时，可以选择和另外的政党联合执政，只要联合党的议员席超过一半就可。社民党和联盟党是当时德国最大的党，也占了最多席位，其他小党获得的席位少得可怜，所以，竞争的双方都发现，即使和自己的盟友联合，也难以达到宪法规定的席位数目。无奈之下，只能和对手联合以达到参选条件的要求。于是，这场大选的竞争双方——社民党和联盟党要联合执政。这真是一场有意思的政治选举。

虽说两个对手党联合执政势在必行，但默克尔和施罗德都认为，自己的党派才是能领导德国的执政党，自己才是最合适的领导人。从《谁将会管理德国》的文章就能看出，整个德国都陷入一片迷茫之中。两个领导人的态度都很坚决：默克尔说联盟党可以和社民党联合执政，前提条件是施罗德不再出任新任总理；施罗德则坚持，他也可以主动促使德国两大党派的联合，但有前提条件，那就是必须由他继续担任德国总理。

默克尔和施罗德都没有让步的意思，之后的 20 多天，双方进行了 3 次艰难的谈判。是年 10 月 10 日，两个大党终于达成一致意见，决定联合执政，并由默克尔担任德国新一届总理，成为德国第一位女总理。

其实，在这两人的对抗中，谁赢都有一定的合理性，毕竟都是身经百战的老牌政治家，但为何最后的结果是由默克尔来执政呢？3 次谈判中究竟发生了什么，使得施罗德做出了最后的让步？

先来看看双方就执政问题达成的一致意见：两党组成新的执政党后，社民党负责国际外交、国家财政、法律和劳动就业等相关事务，联盟党负责国家防务、国内政务以及农业、林业、教育等相关事务。从媒体的报道来看，默克尔能坐上总理宝座，是经过一番激烈的讨价还价的，最终默克尔以多给社民党两个议员席位的承诺，才拿到了德国总理的"offer"。

对默克尔来说，德国总理的位置让她喜上眉梢，但更大更严峻的问题还等待着她。两个曾经在许多国内政策上持有不同意见的德国最大的党派联合执政，会出现什么样的局面？诸多的不同之处该如何处理？可以想象，假如党内融合问题不能得到很好的解决，那执政党在相当长的时间内面临的都是内耗，何谈惠及国民？

双方在国民就业和经济发展方向上有很多分歧，德国国内专家分析说，这样的联合执政是他们能想到的最不利的一种执政方式，它可能会使得德国国内政治、经济以及改革寸步难行。

默克尔可谓四面楚歌：在基民盟和基社盟内部会不会有人突然飞来一刀？应该如何让社民党尽快地归顺？此时的德国是欧盟成员中经济增长最慢的国家，怎样解决这一困境？国民对于两个对手组成的执政党深表怀疑，这样的情况怎么化解？

不得不说，在默克尔面前的这条路的确是漫长的，但前途是否光明还不得而知。唯一值得一说的是，她终于坐上了头把交椅，在政治上有了自己的光芒。

默克尔"军团"

2005 年 10 月 10 日，在联邦大选结束后的记者招待会上，有记者问默克尔说：

"您此刻感觉如何？"

问题一出，现场笑声一片。

"我感觉很好，"默克尔微笑着回答，"不过，前面有艰巨的任务在等待着我。"

和男性相比，女性领导者在政治舞台上将面临更多的困难，这是默克尔上台之前就意识到的，也是大家的共识。媒体和民众仿佛开始了一场猜谜游戏，在默克尔能否胜任总理职务的天平上摇摆不定，众人纷纷猜测默克尔上台后将会面临的问题。

首先是联盟党和社民党融合的问题。

在相当长的一段时间内，这个通过讨价还价得到的"总理"，还得继续在党内讨价还价下去。和社民党联合后，默克尔之前提出的许多改革条令也要进行进一步的协商——这是为了保证长期稳定执政必须做出的牺牲和让步。比如，德国低迷的经济形势和社会福利太高、劳动制度不够完善有很大的关系，因此，默克尔在未上台之前，就坚决表示要对此进行大力改革。不过，当选之日，和"谁做总理"一同协商出台的还有关于国内生产和就业以及税收的政策。显然，这些经过协商后的政策，与默克尔之前提到的"大力改革"有相当大的差距。

两党的融合问题势必会影响政策的实施，比如外交和内政方面。刚刚下台的施罗德，在外交方面取得了不错的成绩，如美国攻打伊拉克问题。施罗德并没有追随美国的脚步，因此德国未曾出现恐怖分子暴乱的事件，这是深得民心的一种做法。

默克尔上台后，在一段时间内，要秉承前任总理的这种外交政策，所以虽说施罗德已经卸任，但德国在外交方面将会进入为期不短的一个"后施罗德时代"。

其次是国内政治方面。

默克尔一直想把德国的市场经济从欧洲社会形态转变成英美自由形态，可德国的民众并不能接受这一点。

选举制度的好处就在于民意能牵制政府的决策，故此默克尔之前的一些和英美自由经济有关的制度就难以开展下去，如降低农业的额外补助、简化劳动制度、不再设定最低工资等相关制度。当然，从如此多的政治精英中脱颖而出，在男人的战场上拿下制高点，说明默克尔拥有非凡的政治领袖才能。默克尔一登上总理宝座，就有人预言她将会带领整个德国从萎靡不振的状态中走出来，而且，联盟党和社民党能够联手执政，说明他们在很多地方有一致之处，况且，在德国历史上也有过两个对手党联合执政的先例。

1966 年，德国的经济和 2005 年的情况差不多，都呈现令人不安的下滑态势。当时的联盟党和社民党联手后，齐心协力将德国的经济带上了一个新的台阶。从这一点上看，联合执政还是充满希望的，而且从之前默克尔在基民盟的执政经历来看，在经济发展中做出正确、迅速的决定是她的长项。除此之外，默克尔擅长的政治领域还有改革税收和养老金制度、降低失业率和提高新能源的使用率等方面，因此国内媒体预测默克尔将会在这些方面大有作为。

这位被称为"德国的撒切尔夫人"的女总理，与之前的政治家不同，她不会为了拉拢民心故意在媒体面前作秀，比如假装与孩子们亲近，也不会为了选票而有意讨好选民，更不会为了稳固自己的地位与那些她不赞成的党派联盟。成为总理，她依然保持自己一贯的作风，明白地指出德国社会和其他党派存在的问题。

在默克尔的人际圈子中，有两个团体和一个人是绝对不容忽视的存在，即"娘子军""2020"以及默克尔的办公室主任鲍曼。尽管默克尔本人并不喜欢"娘子军"这样的称呼，但在她领导的总理府里，女性所占比例远大于以往政府是不容否认的事实。

客观上说，历史上的许多领导人都选择女性担任自己的办公室主任。有位德国作家对此解释说，这是因为女性更为忠诚专一，她们会清楚地看到究竟哪些是自己的同道中人。

由默克尔、贝亚特·鲍曼、凯琳·史蒂文森3人组成的被媒体称为"娘子军"的团队，是默克尔阵营中最为锋利的剑刃。有人将她们评论为"自亚马逊女战士没落之后出现的最有力的女性战斗集体"。

凯琳·史蒂文森，为议会党团发言人，曾任基民盟发言人。她在应付媒体上有着绝佳的能力，能将默克尔希望传达的信息准确传达给媒体，是默克尔最为器重的亲信之一。

当默克尔成为议会党团主席时，史蒂文森将媒体宣传办公室的工作交给了克劳斯·齐默克，虽然仍然担任基民盟对外发言人，但她已将工作重心放到议会党团上，做好了迎接即将到来的一切的准备。

而在默克尔的活动出席、决策联络、信息传达等几乎各个方面，人们都能看到另一位女士忙碌的身影，一旦有摄像机上前试图采访她，她就会立刻礼貌地拒绝。这个人就是贝亚特·鲍曼。

贝亚特·鲍曼，1963年出生于奥斯纳布吕克，曾在剑桥大学进修，回国后被武尔夫介绍给默克尔。自那以后，鲍曼就一直跟随默克尔的脚步。在默克尔出任基民盟唯一的女副主席时，鲍曼帮她做一些临时性的辅助工作；随着默克尔的晋升，她放弃了攻读博士学位的打算，接受了默克尔的邀请，正式成为她的私人助理。

1995年，她担任默克尔的部长办公室主任。当默克尔被成功任命为基民盟总书记时，她放弃了自己更感兴趣的环保部；当默克尔成为基民盟主席时，她也自然而然成为党主席办公室主任。

这段时期，既非常忙碌又非常复杂。彼时，"竞选、政策规划及战略研究指挥部"成立。这一指挥部的主要作用即是平衡基民盟、基社盟以及"施托伊伯竞选班子"3个团体之间的关系，让彼此能更好地合作。它的负责人就是鲍曼。同时，作为默克尔的办公室主任，她还要协调默克尔与施托伊伯的关系，以使两人的合作更亲密无间。

身兼数职的鲍曼充分发挥了自己的能力，让默克尔非常满意。与此同时，她还负责联系议会党团以及党内部的各位人士，在各种事务上与默克尔一同探讨，陪伴默克尔外交出行、参加访谈等。十几年来，鲍曼从辅佐默克尔的那一天开始，就不曾遗忘过自己的工作。直至今日，默克尔也不能允许在特别重要的场合看不到自己的办公室主任。

随着默克尔担任议会党团主席，鲍曼的工作及其工作的重要性也随之增加：她不仅领导着议会党团主席办公室，还带领着基民盟总部党主席办公室。若要形容她在幕后发挥的作用，用"灰色内阁"这个词最为合适。

自默克尔出任德国总理以来，鲍曼的身影也渐渐出现在公众眼里。2007 年 9 月，默克尔在参加联合国气候变化会议时接受了记者的采访，被问及作为德国总理，最重要的外交问题是否是气候保护时，她看了下鲍曼，鲍曼微微地摇了摇头，随后默克尔答道："不是，伊朗、中东和朝鲜问题才是。"

长达十几年的交情让默克尔和鲍曼对彼此都有非常深刻的了解，这也让工作变得更顺利。

鲍曼非常低调，也没有传出任何说她态度强硬令人难以接受的坏消息，但在外人看来，只是个"联系员"身份的她有着几乎和默克尔可相提并论的威慑力。

事实的确如此，基民盟的重要工作人员，比如干事长约翰内斯·冯·塔登、主管政策规划与分析的海纳尔·卢埃格、主管政策研究的米歇尔·蒂伦、处理突发事件和后勤方面工作的乌尔夫·莱斯纳尔、主管市场和内部沟通的斯特凡·海尼韦希，他们如果想要见到默克尔，都必须经过鲍曼的先行"检查"。

尽管鲍曼充当着非常重要的角色，媒体也对她非常感兴趣，但她本人从不接受媒体的采访，也不喜欢被照相机拍到。有人说，"鲍曼才是总理府里最后做决定的人"，原因来自她的重要地位。

她充当着高层人物联系人的角色，默克尔又常将政治上各个领域中的各种问题拿来与她交流，政府工作中所有的文件都是先到她手上再到默克尔的办公桌上，每当遇到重大问题时，默克尔也会先行向自己的办公室主任咨询意见。但就鲍曼的表现来看，用广大媒体赠送的称号"默克尔的影子"来形容她更加贴切。

鲍曼和默克尔也并非完全没有争端，比如在着装打扮上，鲍曼就曾与默克尔争吵过。鲍曼为默克尔进行了非常细致的形象设计，但没想到自己的上司完全不领情。默克尔认为，那样的设计实在太过细微了。

默克尔深受科学实验的影响，她也将这样的作风带到了政治领域，"2020"由此而来。"2020"是由默克尔组织，囊括经济学、科学等各种不同研究领域的高技术人才组成的顾问委员会。这个团体常在周末进行集会活动，探讨关于人口发展和社会安全保障等领域的根本问题。

以这样的方式来探讨政治着实是一种新兴形式，但泽霍夫就相当不以为然。当赫尔佐克委员会准备莱比锡党代会时，麦肯锡咨询公司德国分公司的负责人克卢格就提供了相当丰富的数据。这招来了泽霍夫的强烈批评，他说："谁掌握了数据谁就有发言权，这样下去以后我们在面临这种问题时还需要用政治顾问吗?"

但这没有影响到默克尔，她依旧是我行我素的"铁腕"女总理。

以本身的特质为基础发散而出的"军团"，带着浓重的默克尔气息：谨慎，不拘小节，迎难而上。这样的组织成为默克尔政治道路上最坚强的后盾，它提供了默克尔所需的最强推力。

持续 12 年的信任

2013 年 9 月 22 日，德国大选落下帷幕，结果毫无悬念：默克尔带领的基民盟及其姊妹党基社盟获得了 41.5% 的高支持率。这就意味着，默克尔将开始她领导德国的第三个任期，领导时间也将延至 2017 年。

经过了金融危机、欧债危机的检验，民众相信，默克尔能带领德国走得更好。

此次选举中，其他党派的成绩几乎可以用惨败来形容：最大的在野党社民党（全称社会民主党）得票为 25.7%，这是该党有史以来第二差的成绩；绿党得票为 9.4%；而默克尔的执政伙伴自民党（全称自由民主党），甚至没越过进入议会的最低标准（5%），仅有 4.8%。

消息公布，各国领导人都发来了祝贺。法国总统奥朗德在选举结束后，第一时间与默克尔通了电话，并邀请默克尔在组织内阁的工作结束之后前往法国访问；意大利总理则表示，这对欧盟有着非常重要的意义；欧洲理事会常任主席范龙佩也表达了对未来德国的信心。在欧债危机的阴云还未完全消散之际，默克尔的连任无疑有着更深刻的意义。

经历了长达 8 年的执政之后，默克尔还能得到如此令人雀跃的民意偏向，这在德国的历史上非常罕见。究竟是什么让她能够继续前行？是什么让民众选择相信她、支持她呢？

早在 2011 年，德媒公布的民意调查结果就已显示，默克尔的支持率大大高于其他候选人，大部分德国民众都相信，默克尔具备解决德国众多问题的能力。这得益于她在德国经历金融危机、欧债危机时的重要表现，以及这几年来德国经济增长的良好态势。

单看 2010 年，默克尔就让德国的 GDP 增长了 3.6%，这是自 1992 年以来取得的最高增速；不仅如此，德国的失业率也在不断下降，达到了 19 年来的最低值。

默克尔的能力，在这 8 年的执政时间里展露无遗。

当她 2005 年接替施罗德出任总理时，德国的情况不容乐观：财政赤字超过 GDP 的 3%，且已经持续 7 年；失业问题困扰群众，高达 12.6% 的失业率足以让任何一个领导人头疼。而仅仅 8 年之后，德国财政收支几乎平衡，失业率不到 7%，安全平稳地抵挡住了席卷全球的经济危机，且在欧债危机中保持了自身经济的增长。

除此之外，默克尔本身的生活形象也令群众感到亲切。每天早晨，默克尔先是家庭主妇，为家人备好餐点，出门后才转身变为德国总理，开始一天的工作；前往超市买菜结账时，她总是安安静静地排着队……种种生活细节都让人们对她非常亲近，很多德国民众也乐于称呼她"Mutti"，德语是"妈妈"的意思。

在政治生涯初期，默克尔担任过新闻发言人，从中吸收了相当多的经验，得益于此，她非常重视媒体的力量。每当需要做出重大决定时，她总会提前询问主流媒体以及民众的意见和看法，在了解民众的需求之后才做出最后的决定。重视民众，让默克尔的执政之路顺利不少，比如取消核电、废除义务征兵、大幅提升社会福利、改变男女不平等现象等，都是基于公众意愿而提出的政策。

默克尔早年在科学院工作了很长一段时间，对物理化学的学术性研究让她的执政给人稳重、安全的感觉，尤其是在极具争议的很多问题上，她几乎从不说未来会怎么样。她注重实际，比起遥不可见的未来，她更在乎现在做出的每一个选择。她青睐于平衡，尽管她所在的基民盟是"中偏右"的党派，但在执政期间她也采用了许多左派政党的意见。

此次大选对德国民众来说毫无悬念，唯一值得人们关注的，就是在自民党无法进入议会时，默克尔将选择哪个政党进行组阁，也因此这次大选被众多媒体评为"自1949年以来最无聊的大选"。

当默克尔和她的竞选对手佩尔·施泰因布吕克进行辩论时，民众甚至将关注点放到了默克尔的项链上，不仅网上广泛讨论，辩论结束后，连媒体也跟着评论报道。这表明，大选中确实没有任何让人提起兴趣的地方，只要能按照现在的步伐继续走下去就可以了。也正是瞄准了这一诉求，默克尔在为连任进行的准备中就传达出这样的信息：不需要改变，德国只需要按照现在的发展继续向前就行了。

在默克尔的带领下，德国未来前进的大方向几乎可以确定，稳健的政治也几乎不会改变。当然，默克尔面临的难题一如既往的多。

在全球经济发展变缓的情况下，经济增长大部分依赖出口的德国压力非常大，如何才能在不利的大环境中保持经济增长。此外，德国人口老龄化严重，人才的稀缺给科技、经济的发展带来了非常大的困扰。再有，外交上的问题仍然是热点也是难点，如何处理与欧盟各国之间的关系，如何将欧盟从欧债危机中彻底解救出来，这都是默克尔未来要面临的挑战。

默克尔正用她的实力向世界展示，她可以战胜前进路上的种种困难，领导德国继续稳步向前迈进。默克尔的个人魅力主要就在于"稳健"。大部分民众支持默克尔，都是因为在经济危机、全球动荡的时代，默克尔能让他们安心，能让他们感觉到依靠。也正是这个"稳"的理念和风格，帮助默克尔走过了最为艰难的时候。民众有理由相信，未来的4年仍然值得期待。

自默克尔2005年成功出任德国总理一职之后，其与英国前首相撒切尔夫人的对比就不曾停止。单从强硬的政治作风来看，两个人之间的确有许多相似之处，但仔细分析各自的观点、执行的政策、具体的行动，人们就会发现，两人有着天壤之别。

默克尔强硬但不乏温柔，随着不断地成长，她的强硬变得越来越富有智慧。面临着政府债务的大量漏洞，她毅然决然地要求严格厉行节约，填补这些空缺。她对于举债严格控制，不惜制定非常严厉的措施，尽管这些政策多少侵犯了人民的利益，比如福利政策缩减就引来了诸多不满，可她毫不手软。默克尔知道这项措施的必要性，更知道其对未来德国发展的重要性。

除此之外，她在许多问题上的固执己见都令人头疼，比如对核电站的坚持，对经济政策的坚持，对救助欧洲的坚持，对禁止欧洲债券的坚持，这种种都让她在民众的心中变得与"恶魔"越来越近。可对她而言，最重要的不是别人的看法，而是自己所持有的信念和不达目的誓不罢休的气魄。她不认为自己的观点是错误的，既然如此，为什么要因为一点点的反对之声改变自己的选择呢?

她深知媒体对一个政府的影响力,一旦政策有任何缺陷,媒体就会将其无限夸大,然后用各种各样的理由去宣扬该政策的不妙之处,他们的目的不过是吸引眼球,争取更多的销量,可政府不能被舆论拖着鼻子走。而坚持,尤其是在政坛中的坚持,要求的不仅是精准的眼光和审慎的分析,更是敢于"独断专行"、不怕得罪人的勇气。

默克尔并不是一个锋芒毕露的人,从小的经历和教育让她很早就养成了"多听少说"的性格。一开始,民众往往会被她的沉默欺骗,以为她是个好欺负又容易被架空的人。实际上,她的顽固令人难以想象,她的手腕也令人惊颤,可谓不鸣则已、一鸣惊人。一旦她看准了,思考清楚了,她的计划之完善、行动之迅速、思考之深入,无一不令人赞叹。大多数情况下,民众最终也会发现,她的想法果然正确。

当然,默克尔绝不独断专行,做事时并非毫不让步。比如,尽管严厉的内政法案势在必行,但是面临诸多抗议之声,她也会选择将法案延后实施;再如,欧债危机中,希腊希望德国能将限定期限略微延后时,默克尔也确实考虑过这件事情。

默克尔不是一个经常发表肯定言论的人,她的决定必然经过深思熟虑。正因为如此,她对自己的决定有着充分的自信。就算自己的观点没有被议会采纳,就算内阁大部分议员都不同意自己的观点,她也不会直接依仗威严强压别人,更不会采取各种手段达到自己的目的。若是一直到最后,决议都不能取得内阁成员的认同,她也不会再说什么。

然而,如果你以为她就此放弃,那就错了。她不再强调,不再据理力争，不意味着她将某项决议搁置，她会在某个你意想不到的时候再次将决议搬出来，彼时，你除了同意之外别无他法。

默克尔拥有惊人的恒心。人们往往不是迫于她的威严而服从，而是被她的持久打败。她仿若一个充满耐心的猎人，坚信着保持耐心便总会等到猎物的到来。

此外，她总是恰当地表现出自己对德国的爱，对民众的爱。她不是一个经常将情感展露于外的人，但往往在不经意间的坚持里，德国民众就会感受到这个严肃的女性给他们的无限关爱。而这种爱，持续了12年之久。默克尔明白，信任来自于民众。

左右逢源的"德国铁娘子" 7

"计划"经济

默克尔登台之时，摆在她面前最大的问题就是萎靡的德国经济，这个持续十几年的问题已经难倒数届德国掌舵人。

从国际上来看，法国的经济一向不景气，每当为此感到郁闷和痛苦时，他们总是用"还有德国落在后面"来安慰自己。

那么，德国为何会出现这样的景象，为什么会被法国奚落？

这肯定与国内的大环境有关，当时，整个德国长期处在萎靡不振的经济状况之中，这直接导致国内就业岗位的减少，进而引起德国的高失业率。即使没有失业的家庭，收入也少得可怜。

新世纪初始，德国的8000多万人口中，只有50万左右的家庭可承担得起部分社会费用，不过一旦电费上涨或者他们的家庭出现需要修理的电器，其就会一跃成为债务者。

另外，东德和西德的经济差距还会引发一些社会问题。从德国将这两个地方统一之后，它们彼此就看对方不顺眼，好像两个向妈妈争宠的孩子——德国政府每年拨给东德的补贴达到 900 亿欧元，西德非常生气；而西德的工资和民众的生活条件都比东德好，东德人也异常气愤。经济和统一是相互影响的两个问题，任何一个出现问题都会影响另一个的发展，从东德和西德合并后的发展上，就能看出这一点。

原本，两德统一后，应该是大团结、大喜悦的局面，但令执政党没有想到的是，它们之间的贫富差距不但没有缩小，反而呈现出扩大的趋势。主要原因就是经济不景气，造成东德就业率持续下跌，这让穷人变得更穷了。

以 2005 年西德和东德两个处于同一水平的家庭来说，前者每收入 100 欧元，后者只有 82 欧元。当这些钱不能够满足生活的基本需要时，他们只能求助于社会补贴救助。救助金来源于社会上较富裕的那部分民众，他们将自己的一部分收入用来养活没有工作的人，从资源利用的角度上来讲，这是一种不合理的浪费。

施罗德没能连任总理，或多或少和他任职期间经济没有起色有关。

施罗德当政期间，经济的增长就像一只背着沉重外壳的蜗牛，半天挪不动一步；就业率不但没增加，反倒持续下降；社会各项福利制度的施行也面临着各种挑战。2005 年，德国经济增长率为 0.9%，这个比例让德国稳坐欧盟各国经济增长的倒数第一名。要知道，这一增长率与前一年相比，下降了 0.7%；而这一年的失业率基本保持在 11% 以上；财政赤字更是接连 4 年超过欧盟规定的财政赤字标准。

默克尔确认掌管德国之后，在其发表的第一篇演说中，重点讲述了她对德国经济发展的意见。不管是经济增长还是债务危机，都已到了一个底线，这应该引起从政府到民众每一方的注意。

默克尔相信，所谓危机就是危险中的机遇，是国家以前没有把握住的机遇。只要联盟党和社民党齐心协力，就有信心迎来德国新的机遇，目标就是：10 年内，将德国带入欧洲经济前三甲。

在达沃斯世界经济论坛上，默克尔也重申了这一信心。在她看来，德国目前最重要的事情是重拾建设经济强国的决心，稳步有力地将改革施行下去。

在对民众进行充满感染力的号召之后，默克尔开始大刀阔斧地推动德国经济的改革，而社会制度的改革和社会结构的改革也同步进行。默克尔在宏观上调控德国经济：面对严重超出欧盟标准的财政赤字，从两个方面做出要求，一是减少国家财政支出，另一个是降低税收补助。

拿降低税收补助来说，默克尔带领的执政党对于社会各个税种进行了改革。比如，2007 年起，增值税从 16% 上调 3 个百分点；另有两类人群的个人所得税也上涨 3 个百分点，达到 45%，分别是年收入过 25 万欧元的单身人士和过 50 万欧元的家庭；全国职工原有的交通补助被撤掉，换成"21 公里之内不予补助，超过部分按 30 欧分每公里计算补助"；原来德国的儿童补助金发放到 27 岁，从改革之日起，下调至 25 岁。

改革有时是件痛苦的事情，特别是对于因改革而自身利益被触动的人来说。不过，虽然这些具体的措施在一定程度上损害了民众的利益，但在大局上还是带来了一定的效果。

2006 年，德国财政赤字达到 2%，低于欧盟规定的 3% 的标准；不但如此，2007 年德国财政又上了一个新台阶，终于摆脱了财政赤字，实现了国家财政收支的平衡。

德国许多经济领域的专家曾经建议说，要想从根本上挽救国内经济，最有用的一剂药方应该是提高企业在技术方面的开发和创新能力。默克尔很重视国内的技术创新，她组织成立了专门针对这项工作的委员会，还带领政府要员和专家制定了德国的高科技发展与创新策略。

默克尔想的是，德国不但要在汽车和机械制造等传统领域走在世界的前端，还要在 IT、能源、环境、基因、宇航以及纳米、通信等新技术领域引领世界。

真正的科技创新要交给专业的人才，政府在这其中的职能是为科学研究提供合适而充足的费用，为高精尖人才提供科研所需的物质保障。当然，除了在物质上保证科研创新的顺利进行，默克尔还设立了相关的鼓励机制，同时提供法律援助和社会实践应用方面的支持。如果技术只是停留在科研层面，那为社会大众带来的便利将十分有限，因此默克尔提出，要将科学技术应用到生活和生产实践中，将能与实际接轨的科研成果变成产业，再变成企业，从而促进德国的经济发展和就业率提升。

不管从哪一时期看，这样的改革之法都行之有效，也可充分体现领导者的高瞻远瞩。

另外，默克尔还想办法吸引外资的投入。包括为企业简化相关的税务流程，且大幅度地减税；为失业的员工调整保险费率等。新政府还公布，将从 2007 年起下调失业保险，上调养老保险，并从 2008 年起撤除医疗保险补助。

德国未来几年，还将面对日趋严重的人口老龄化现象，为了让老人们没有后顾之忧，默克尔大力推行切实可行的家庭政策，如增加"父母金"的数额，提高有困难家庭的特殊补助，以及加大对学前教育的重视。

除了从直接的经济建设上进行改革，默克尔还特别关注国内严峻的就业形势。原本，德国的就业政策仅规定，假若一个人 55 岁不再工作，那他将会连续一年半领取到救济金。

为了降低失业率，默克尔想到要将民众退休的时间向后延长，因此，新的改革方案中规定：50 岁之后退休，救济金可以领取 15 个月；55 岁之后退休，可领一年半；58 岁后退休，可以领两年。这是默克尔针对老年失业者采取的一种政策，而对那些年轻的失业者，就要施加一定的压力了。比如，就业部门会给失业人员提供他们可以胜任的岗位，但如果失业人员不接受工作，继续保持失业状态，那将会受到惩罚——减少或者免除他们的救济金。

经济能否增长，与企业是否发展有很大的关系。在相当长的时间内，联盟党都认为德国企业发展不好的根本原因在于高福利给企业带来了沉重的负担。为了减轻企业的负担，降低他们的劳动成本，默克尔的主张是取消最低工资制度。

她这样做的原因在于，最低工资标准的存在会在一定程度上促使市场上不同行业的工资增长，而很多企业是不愿意这样做的，这样会增加劳动成本。为了避免这种情况，企业可能会采取裁员的方式，这就会直接造成全民就业率下降。基于这一考虑，除了邮政和建筑行业之外，其余行业一律取消最低工资制度。

政府操持国家与家庭理财是一个道理，每年都要对具体的事务做出具体的财政预算。新政府提出，要让预算维持在一个相对稳定的水平，也就是财政支出的速度不能比国家经济增长的速度快，不然只能面对入不敷出的局面。

另外，所有国家收入都不得隐瞒，要公开透明地加入财政预算之中。在社会福利方面，新政府将继续贯彻之前默克尔提出的政策，包括不再设定最低工资标准，维持原有的失业补助金等。

为了进一步打破东德和西德之间的隔阂，新政府将会统一管理所有民众的养老金，不再设立不同的制度标准。在首次当选德国总理时，默克尔说："我们不可能在同一时间兼顾到所有的改革。"但她从未忽略任何一项改革，这些政策成为德国如今经济稳步发展的强有力的发动机。

未来的路到底有多长，谁也不知道，可以肯定的是，默克尔会一如既往地坚持她认为适时适势的经济政策，为德国的经济发展引航掌舵。

外交砝码去哪儿了

一家之主，自然要忙一家之事。掌舵一个国家，需要忙的事情更多。对默克尔来说，家里事重要，外边的事更重要。外交之于国家而言，既是发展的另一桩头等大事，也是考验政府能力的最有效办法。

德国宪法中"在欧洲一体化的基础上推行积极的和平政策"的条款，为德国未来的发展制定了不变的基调：主张的是和平，关注的是国际安全，并致力于与欧洲其他国家以及与美国的关系。这个基调决定了德国在外交上的战略和政策，不管国内和国际发生什么样的事情，不论国内是哪个党派在执政，都不会影响整个外交的大方向，只是不同时期的关注焦点会有所变化。

德国的外交政策可以从三个关系上来解读，一个是德国与欧洲的关系；一个是德国与美国的关系；另一个是德国与除欧美之外其他国家的关系。

德国外交政策中的一个重点即是推动欧洲国家的合作和促进欧洲一体化的进程。默克尔从 2005 年登台起，就将这一重点作为努力的目标，致力于化解欧洲国家之间的分歧以及重新树立德国在欧盟的标杆形象。

对于德国与欧盟之间的关系，默克尔心中有数：欧盟各国家在政治和经济方面都对德国寄予了很大的希望。

2004 年 12 月，为了有一个统一的行为准则，欧洲准备颁布一部宪法，用于约束和规范欧洲各国家的行为，之后宪法草案发布。在 2005 年的全民投票表决中，法国和荷兰没能通过这一草案，便出现了欧洲宪法危机。德国在欧洲国家中很有影响力，因此大家都把化解此次危机的希望寄托在了德国身上。

默克尔清楚，危机的解决并不是一时半会儿的事儿，一人之力绝不能完成。此时，欧盟在国民心目中的形象每况愈下，即使把欧盟各国家召集在一起讨论宪法事宜，也很难取得满意的结果，甚至还有可能让形势更加糟糕。

默克尔采取的策略是，私底下单独听取大家的意见，将一致通过的条案做成一个基本法，而将有争议的条案从原宪法中剔除。她这种尊重每个国家意见的做法赢得了认可，欧盟各项讨论也进展顺利。

2005 年 12 月，欧洲各国家在欧盟总部比利时首都布鲁塞尔召开首脑会议，议题是从 2007 年起 6 年内的财政预算。刚开始时，英国和法国都坚持自己国家政策上的预算，比如前者的特殊返款和后者的农业补助。默克尔不停地在二者之间周旋、协调，还增加了自己国家的支出。最终，多方都做出妥协，这次的首脑会议完美收官。

经由默克尔出马解决的议题不止一个，早在这年 3 月，关于欧盟国家领导人所商议的欧洲环境保护问题，因其不懈地努力，故此才在波兰和法国有分歧意见之下，最终达成一致方案——即预计到 2020 年，二氧化碳的排放量将比 30 年前降低 20 个百分点。默克尔不仅成功地化解了欧洲宪法危机，还逐个完成了登台时许下的外交战略调整方案。

德国前总理施罗德，在外交上并不重视与小国家的合作与发展，默克尔则很看重这一方面的外交。

施罗德在位时，与普京关系要好，也因此疏远了波兰。默克尔成为德国总理后，将访问波兰的行程放在访问俄罗斯之前，很好地促进了与波兰的友好关系。

当然，默克尔并未疏忽与俄罗斯的战略伙伴关系。作为邻国之一，俄罗斯对德国来说有着非常重要的意义。默克尔明白，虽说德国现在和俄罗斯的关系很稳定，但不能忽视俄罗斯强大的"军事野心"。她一直在密切关注俄罗斯政策和局势上每一个微小的变动。

德国和俄罗斯有伙伴关系，也有利益上的冲突，比如双方都想扩大自己在欧洲的影响力。俄罗斯拥护德国成为联合国常任理事国，但又处心积虑地要让欧盟分裂；德国一方面与俄罗斯展开多方面的协作，另一方面则在暗地里协助美国开展抵制俄罗斯扩展影响力的活动。

默克尔的另一个外交重点，是处理好与美国的跨大西洋友好关系。在施罗德执政期间，她就一直不赞同施罗德对待美伊战争的态度，也曾在访问美国期间在媒体上公开批评施罗德的这一态度。

当时，施罗德对美伊战争的态度确实让德美关系降温不少，但给德国国内民众提供了一个无恐怖主义出现的安全环境。默克尔登台后，德美关系迅速升温，双方重要的外交政策是以价值观和战略利益为基本导向的。

从第一个任期到第二个任期，默克尔一直走在致力于促进欧洲一体化进程的道路上，将巩固和美国的跨大西洋关系作为重要任务，同时继续加强与俄罗斯的互惠互利关系。

默克尔认为，德国在世界范围内担负着责任，所以在与中国等亚洲国家发展外交关系时，要将价值观加入其中。她的这种价值观外交带有强烈的主观性，引起了许多国家的反对和不满。如果她继续将这种政策推行下去，将会在国际范围内引起更大的震动和引发国与国的紧张关系，当然，德国的发展和在全球范围内的地位也会深受影响。

默克尔执政之初，德国不仅与美国关系紧张，与欧盟其他国家的关系同样处于紧张状态。施罗德时代留下来的外交遗产，就是德国只与俄罗斯、法国等少数国家处于关系良好的状态。

2005 年，默克尔就任总理之后，为了改善与美国及其他欧洲国家的关系，采取了"旋风式"的出访策略。默克尔与前任施罗德一样首先选择访问巴黎，在巴黎的爱丽舍宫，当时的法国总统希拉克热烈欢迎默克尔的到来。

在两小时的会晤中，两人的谈话重点聚焦在加强欧洲整合和大西洋纽带议题上，这项议题在施罗德时期是不提倡的。默克尔在新闻发布会上表示："我对于发展两国的关系非常有信心。"在她身边的希拉克也表示："对于这份伟大的友谊我们深为感动，法德关系不同寻常。如果我们的关系有所疏离，欧盟将会运行不畅，欧洲犹如一辆坏掉的汽车。"

为什么默克尔与施罗德都选择首先访问法国？原因不难理解，法德关系决定着欧盟的运转。默克尔表示，德法两国保持友好关系不仅对两国有益，对欧洲的建设也是极其重要的。不管在历史还是现实中，法德关系都影响到整个欧洲的团结与发展。欧盟遭遇向东扩张、机构改革等方面问题时，更需要德法两国联手帮助欧盟走出困局。

为了加强与英国的关系，默克尔出访英国时说，德国新政府非常重视与英、法两国的关系。德国希望像法国一样，同英国建立起良好的关系。英国前首相布莱尔也表示，在欧洲，保持良好的英德关系非常重要。德国要想成为欧盟的领头羊，加强与英国的合作是必然的。原因有二：其一，欧美就伊拉克战争以及《京都议定书》等问题存在分歧，欧盟需要英国在中间充当和事佬；其二，英国当时是欧盟轮值主席国，欧盟的许多问题都需要英国带头来解决。

此外，德国与中东欧国家的关系也需要进一步加强。

2004 年，欧盟的成员国增至 25 个，其中，新成员多为经济不发达的中东欧国家。以德、法、英为首的欧盟老成员国担心新成员国的加入，势必会加重欧盟财政危机和就业困难。随着中东欧移民的进入，移民问题也将更加严峻。与此同时，新成员国也同样担心，为了加入欧盟，它们需要放弃自己的部分主权，而它们想得到的补偿迟迟没有实现，这合理吗？

这些中东欧国家在伊拉克战争问题上一直支持美国，德美关系的破裂也影响着它们与德国之间的关系。

默克尔出访波兰，目的是为了缓和与中东欧国家的关系，推动扩大后的欧盟的发展脚步。这一举动让波兰和其他新加入欧盟的成员国对默克尔抱有很高的期望。波兰作为德国最重要的邻国，无论在地理位置还是政治经济等方面，可谓互为唇齿。

从这些大局势上不难看出，默克尔在欧盟的角色越来越重要。

2005 年年底，刚上任的默克尔首次登临成员国围绕 2007 至 2013 年中期预算的"混战"之台，她以"平衡外交"政策提升了德国的地位。会上，她提出预算案不应损害中东欧成员国的利益，在其他各国都不同意时，她率先同意增加预算总额，后来又出资 1 亿欧元资助波兰德语地区，从而促成这项协议。

2007 年年初，德国借助轮任欧盟主席国的契机，筹拟了欧盟中亚新战略文件，并率领欧盟高调访问中亚地区，为欧盟搭建了通往中亚地区的战略通道。

如今，欧盟历经 7 次扩充，成为拥有 28 个成员国的超国家组织，德国在欧盟中的地位日益提升。默克尔经过多年的努力，顺利在欧盟站稳了脚跟，德国在欧洲的地位也得到进一步巩固，欧洲一体化的发展与欧盟决策都将更需要德国。如此来看，默克尔的外交之道的确高之又高。

金融危机中的"炼金术"

考验一个执政者是否能平稳驾驭"航母"，就看其在风浪中的表现。越是狂风肆虐，越能稳如泰山者，方才是可担大任者，这样的执政之人才是国家需要的。当 2008 年的金融危机如下山猛虎一般侵袭而来，默克尔就有的忙了。

2008 年第四季度，默克尔领导的联盟党和德国社民党组成的黑红联盟即将迎来联合执政后的第一次大选。两党都瞄准了 2009 年大选，联盟党为了摆脱继续和社民党组成内阁而铆足了劲儿，社民党也希望重新夺回总理之位，两者都进入积极的准备阶段，以期在先拉开序幕的州大选中大展身手。

被称作"大选年"的 2009 年，一共有 15 场政治选举，其中还包含勃兰登堡州、萨尔州、萨克森州、图林根州、黑森州五大州的议会选举。就在各个党派开始为各自的选举造势时，一场突如其来的风暴打乱了所有的安排，即从太平洋彼岸吹过来的金融危机。

2008 年年底，金融危机从美国蔓延到欧洲，德国经济同样受到影响。很快，金融市场出现大幅震动，上市公司资金大量缩水。随即，银行业、房地产业全部受到波及，德国房地产融资抵押银行濒临破产。不久，德国金融巨头全部陷入危机，经济亏损严重，德国引以为豪的制造业从增长转为大幅下滑。

整体来看，德国 2008 年前三个季度的国内生产总值呈现出良好的增长状态，但从第四季度开始，经济出现了倒退。到次年 1 月，这样的趋势还没有停止的迹象。金融危机还波及德国的劳动力市场。自默克尔执政以来，德国的失业率不断降低，但 2009 年 3 月首次呈现出攀升的态势。除此之外，投资领域、出口领域全部遭遇冲击，前期良好的增长全部遭遇滑铁卢。

2008 年年底，金融危机刚刚抵达德国时，默克尔显然没有想到它会带来如此巨大的影响。当美国、英国、法国等都在为救市忙碌时，默克尔显得有些漫不经心。11 月，德法高峰会谈时，萨科齐企图说服默克尔加大在欧盟应对金融危机中的投入，但结果让他很失望。由此，默克尔也受到媒体的大力抨击，认为她在金融危机初期反应不及时，放任危机扩大而没有任何作为。

当英国已经开始将大量银行转为国有，欧盟向各国发出倡议建议建立欧盟银行基金，以及各国拯救市场、刺激经济的政策不断出台时，默克尔却还在考虑应该减税还是该投资基础建设。面对欧盟的邀请，默克尔以一句"德国的钱只能用来拯救德国银行"堵了回去。这似乎让人难以理解。

在德国，房子首先是人民生活的保障，是社会福利体系中的一员，其次才能称得上是用来发展经济的商品。所以，德国关于房地产的法律法规是全球最为严厉和苛刻的，从开发、建设到销售，全部都要按照高标准执行。

德国为国民制定了一个标准房屋价格，假如开发商售卖的房子超过这个价格的 20%，那将会面临法律的严惩；假若超过 50%，就要到牢房里蹲上 3 年。君子爱财，取之有道。当制度不够完善时，人心中那个希望不劳而获、通过不正当途径获取钱财的魔鬼就会作祟。而在德国，政府严格地将市场环境保持在健康有序的状态中，不给民众犯错误的机会，这是保障国民最好的办法。

严谨的金融制度，也使得德国在金融危机面前不惊慌。

以往的经济危机引发的通货膨胀，几乎给德国带来毁灭性的灾难，面对这次全球危机，默克尔首先做的是将市场和物价稳住。为此，德国专门设立了一个机构，专注于经济危机时维持物价的稳定。这一体系日后还被欧洲中央银行借鉴。

除了对整个市场环境的影响，金融危机也让德国的就业形势变得更加严峻，企业裁员情况越来越严重。为了平稳渡过这一阶段，默克尔政府出台了一条临时雇佣政策，让企业为失业的人群提供一个临时岗位。

政府理解企业在经济环境每况愈下时难以生存的困境，因此为其提供了一些补助。举例来说，当公司难以负担员工工资而不得不解雇他们时，可以转成临时雇佣，这部分人工资的60%由政府来承担。

2009年，政府用于临时雇佣的补助达到50亿欧元，虽说费用巨大，但效果良好，此举为国民提供了30万个岗位。

低收入水平和低教育水平的失业人员仍是政府照顾的重点，因此政府还在服务业、环境卫生以及建筑等岗位上设立了专门的工资补助。一时间，内外双需，经济指标飘红。

2005年12月，距默克尔上台一个月的时间，德国国内的一份经济报告显示，国民的消费水平依然不容乐观，但就业市场似乎出现了回暖。这是每年都会出现的情况，每年这时就业都要比全年其他时候乐观。当然，将这种现象认定为是新政府登台的功劳，还有些为时过早。

默克尔也表示，政策的实施和经济形势的回转都不可能一蹴而就。2006年5月，默克尔上台已经有半年的时间，这期间为了减少财政赤字，她将家庭和儿童补助等社会福利降低，但并没有对物价做出调整，这样的做法引来了国民的一片议论声，这其中有不解，更有抱怨。在当月的一份民意调查中，千名受访者中一半以上对当政者表达了不满。不过，大家对德国的未来还是充满了期望。

默克尔领导的新政府并没有被这场危机吓倒，他们及时为此时的德国经济把脉，对症下药，快速做出应对。

为了迅速从欧债危机中走出来，政府将投资1200亿欧元用于振兴国内经济。投资加大了，政府也没有过多干预市场，为的是保证经济发展所需的自由环境。

随着救市计划的不断开展，德国的经济逐渐好转。实际上，此次金融风暴并未过多影响德国，德国各个行业的经济发展尽管有所减缓，好在幅度较小。当然，这并不能让德国的经济学家和政府部门放心。有所下降，就意味着未来可能更大幅度地下降，因此各种消极预测频频见诸报端，不少人都做好了经济可能进入停滞期的心理准备。

出乎所有人意料的是，随着新的经济计划的展开、减税措施的进一步推行，德国的经济很快再次步入正轨。曾经的增长产业仍然继续增长，失业率很快回落到金融危机之前的水平。这样的迅速恢复让德国人舒了一口气，也让世界瞠目结舌，人们开始以全新的眼光重新看待德国的经济发展。

此次救市计划的最大受益者无疑是默克尔，尽管社民党试图将这份功劳揽到自己身上，但德国民众更相信他们的总理。正是金融危机的来袭，促使德国的两大政党不得不先将目光放到应对危机上，因为不管是哪个政党，都无法将应对经济危机取得的成绩全部揽到自己身上，也不能用经济危机中的漏洞去指责对方，这是两个政党联合做出的决议，指责对方就是指责自己。

金融危机虽如风暴般突然袭来，可对德国实体经济的影响并不是很大，这与德国政府一直致力于夯实实体经济密不可分。为了更好地维持这种态势，新政府依然要抑制房地产泡沫，要将为国民提供住房保障的政策放在第一位。

虽说联盟党和社民党之前是德国最大的两个敌对党，但共同执政后，双方还是希望能取得一定的成绩，并且他们也做到了。通过刺激国内消费来带动经济发展的举措取得了一定的成果，经济持续稳定增长，出口量居高不下。至 2008 年，德国已经连续 6 年全球出口量第一。

国内就业形势也得到了一定的缓解，就业市场生机勃勃，失业率下降。2006 年，德国的就业人数近 4000 万，比前一年增加了 20 多万，这也是 21 世纪德国就业市场达到的最好成绩。

2008 年 1 月，德国黑森州就曾举行过一次议会选举，但结果令人意想不到又无可奈何。彼时，基民盟、社民党、自民党、绿党、左派党全部进入议会，而又因为在政见上的分歧无法组成政党联盟，直至 2009 年重新选举。这样的尴尬局面在德国实属首次。

面临着经济的再度风雨飘摇，大部分德国民众都希望能够稳定下来，如果能在最小的震动中渡过这次危机就最好了。他们并不欢迎那些需要冒一定风险的决策，反而会把选票投给那些更为稳定、能够坚持已经制定好的政策的政党。这恰恰是默克尔的优势。

政治“婚姻”破裂

一直以来，默克尔在人民心中都是寡言、稳定的领导者形象，尽管此次在金融危机前期的“不作为”让她的形象打了一定折扣，但仍不能否认，比起社民党，民众更愿意支持基民盟，默克尔的支持率比起社民党总理候选人也高了不止 10 个百分点。

当时，大部分评论仍然认为，默克尔的支持率还可能出现一些波动，可最终结果改变的可能性并不大，她仍有可能继续出任德国总理。

值得怀疑的就是，默克尔领导的基民盟能否在此次大选成功实现与自民党的牵手。纵然黑红联盟政府也取得了非常优秀的成绩，不过基民盟和社民党在具体合作之中确实出现了不少的矛盾和分歧，这两个政党本身就持有与对方针锋相对的政见，不管如何妥协，都会给其中一方带来积怨，再次联合的可能性相当小。

由于在持续4年的大联合政府内合作工作，联盟党和社民党都清楚，当初为了让这个政府诞生曾做出多大的努力，各自又做出多大的退步。这个政府若想持续下去，并不像外界想象的那么容易。

此前，总理之位的斗争已使社民党存了一口气，随着合作的加深，彼此在政见上的分歧让两党间的矛盾慢慢发酵。由于共同组阁的限制，双方都选择了暂时忍让，而2009年大选则成为两党的"巷战"之地。

除了外部原因，两党间内部的原因也让他们不能再坐以待毙。

实际上，党派危机早从1989年就开始酝酿，两党的选民结构和人数都发生了巨大变化。社民党本身代表的是工人的利益，是明确的具有社会主义性质的党派。1956年，社民党内40%以上的成员是工人，但到1999年，工人所占的比例下降至21%，且还在持续下降。

基民盟遇到的境况与此类似。从最初的成员构成和利益代表来看，基民盟同天主教徒、个体从业人员和农村人口等社会阶层息息相关，而今越来越多的工人尤其是年轻工人开始在基民盟内享有话语权。

不同的成员构成必然有不同的利益要求，如何协调各方利益，如何让政党稳定发展，与此同时还不能违背各自党内最基本的纲领，这是两党在前进中必须考虑的问题。同时，让两党都高度重视的危机是，党员的人数正在逐年减少。

因此，赢得大选不管对联盟党还是社民党来说都非常重要，加上激烈的矛盾冲突，此次大选变得越发具有看点。

为了赢得此次大选，也为了能吸引到更多的选民和党员，两个党派都使出了浑身解数，但结果并不都如人所愿。2007 年，社民党通过的《汉堡纲领》让默克尔获益不少。《汉堡纲领》是社民党为了重新将自身定义到"左中政党"而发布的基本纲领，他们希望能通过这个纲领达到立党之初的价值观念。可在舆论看来，这是社民党再次偏"左"的道路标志。

两个月之后，联盟党的《哈瑙纲领》迅速出炉。在这个纲领上，联盟党同样希望能让自身偏"右"的普遍形象达到淡化的效果，从而争取中间选民。很明显，联盟党比起社民党取得了更好的效果。默克尔就曾对此发表评论说："我们要占领社民党自动让出的领地。"

除了政党各自的纲领之外，他们坚持的不同政策也是人们做出选择的根据之一。与社民党相比，基民盟的政策越来越多元化：家庭政策参照了社民党的特色，气候政策则附议了绿党的主张。此外，基民盟的姊妹党——基社盟自 2008 年巴伐利亚州大选惨败之后，也在不断反思，进行了许多政策的调整。

从联盟党和社民党的整体情况来看，联盟党仍然具有相当优势。基民盟作为中间定位，基社盟作为保守定位，加上政策的多元化，受众范围越来越广，同时还能吸引部分社民党和绿党的支持者。同时，在大选来临之际，基民盟也没有急于发布具体的选举纲领，颇有敌不动我不动的姿态。相较之下，社民党的压力就大得多了。首先，《汉堡纲领》实际上并没有发挥其应有的民意影响效果；其次，不少人质疑其是否能真正发挥有效作用。

看上去，默克尔蝉联总理之位毫无疑义，但在金融危机的影响下，结局仍充满变数。

风雨飘摇的全球经济，动荡不安的经济生活，这都是人们受到最大影响也最为关心的问题。自金融危机席卷德国之后，民意始终倾心于能带领他们顺利渡过金融危机的那个政党。因此，到2009年，各大政党全部在金融领域、就业目标等方面下了大功夫，而比起其他政党，长期执政的联盟党无疑更让人们放心。

在4年的执政期里，默克尔显然卓有成绩：德国经济持续增长，失业率不断下降，财政赤字得到控制，金融危机中德国经济仍然有所上升。默克尔的许多改革措施也同样得到了民众的认可，例如在科研方面的投入增加，社会福利增加，对医疗保险制度进行改革，等等。

有比较便有鉴别，社民党却没有如此显赫的成绩。即便4年的执政期是由社民党与联盟党联合组成，但无疑默克尔，从这场联合执政中获得的利益最多。政策其实是两党共同决议的，只是唯有推行此政策的默克尔被视为是把人民顺利从金融危机泥潭中拖出来的人。

比起默克尔的高声望，社民党的总理候选人无论如何都显得有些底气不足。且不论社民党本身在总理候选人的推举上就踯躅良久，其最终的人选、大联合政府时期的外交部长施泰因迈尔，也拿不出能和默克尔抗衡的政绩来证明自己的能力。他的许诺——加大教育投资，调整税收，减轻低收入人群负担，缩小社会贫富差距，带领德国走出金融危机——也不被人们信任。

对于即将到来的大选，联盟党和社民党都急切地希望结束合作的状态。默克尔在大选之前更是多次发言：若能打破大联盟的状态，对于民主来说有着非常大的好处。默克尔自己也希望能实现长期以来的黑黄联盟（即联盟党与自民党的联盟），由于自民党是右派政党，与基民盟这个中偏右的党派在很多政见上都能够保持一致，因此在联合组阁上比起社民党具有更大的优势。

妇女之友

默克尔的从政经历，可以说完全出乎人们的意料。

谁能想到一个原东德牧师家庭出身的孩子能统领整个德国？谁能想到一个曾在科学院工作长达十多年的物理科学家会投身政坛？谁又能想到一位女性能在男性角色占据统领地位的政坛中一路走到最高点？这个世界就是如此，总有太多的出人意料。

自默克尔踏上从政之路始，取得一定成绩的同时也出现了各种讥讽之词，比如那些将默克尔称为"男性杀手"的各大媒体。随着默克尔的高升，朔伊布勒、迈尔茨、科尔等一个一个都沦为"垫脚石"。朔伊布勒将默克尔推举为基民盟党主席，本想着让她做个傀儡，谁知最终却是让自己一步一步走入死胡同；迈尔茨本以为前途一片光明，谁知却被突然出现的东德女人打压下去；科尔以为自己教出了一个好学生，谁知这个学生"好"到让他难以承受的地步，最终自己一败涂地。

大部分人总会认为，那些看上去不太擅长交流、沉默寡言的人，一般都与这个世界有一些隔膜。他们在为人处世中往往小心翼翼而又谨小慎微，当然，他们这样的人中大部分都拥有一眼看清事情本质的能力，只是一旦让他们去具体操作或与别人打交道共同完成，就显得有些力不从心。但是，默克尔是一个完全颠覆如此印象的人。

不论人们曾见到多少次默克尔或强硬或果断或从容的姿态，不论她那张陷入沉思的面容多少次出现在人们眼前，人们也最多只会认识到这是个与众不同的女性。尤其在看到她的那一刻，不少人仍会被这副面孔欺骗。

事实也的确如此。默克尔成为基民盟主席时，人们根本没想到这位女主席会有什么作为，只把她当作沃尔夫冈·朔伊布勒上位途中的牺牲品，可令人吃惊的是，这位看似碌碌无为的主席却能成功从朔伊布勒和赫尔穆特·科尔的笼罩下突出重围，并将这两位在基民盟内的领衔人物拉入无尽的彼此争斗之中。直到那时，人们才彻底明白过来，以往对默克尔的看法需要完全重新描摹。

在这件事情的影响下，几乎没有人敢看轻默克尔，他们知道，这个女人往往会在你放松警惕之时突然给你以最致命的袭击。事实上，默克尔并非沉不住气的人，除非万不得已，绝对不会采取任何将自己置于风口浪尖的行动。而在这件事之后，她在基民盟内部的地位逐渐稳固，也不再需要再次采取这样的做法。

每当召开党团议会，或对具体政策进行商讨时，大多数人都对这位女总理的思维方式感到惊讶。比如，没人想到她会在核问题上如此坚持，不仅是据理力争和丝毫不让步的态度，且固执到非得执行不可。也没有人想到，她会在核电站出现纰漏之时，以迅雷不及掩耳之势推翻先前令议员们感到头疼的议案。

不仅如此，在商讨政府债务的议题时，大家本以为她会反对大幅削减居民福利的政策，谁知她却举手赞成。在面临着国内诸多质疑和不满时，本以为她的态度并没有那么坚定，但她就真的坚决不对法案作任何改动。

随着共事时间的增加，议员、民众也渐渐地习惯了默克尔的思维方式。不得不承认，尽管她在这方面有些让人跌破眼镜，可她的意志、信念、个人魅力都给人留下了深刻的印象。她坚持的决策绝不改变，而一旦改变，就会以非常高效的速度将原来的政策扭转过来。

在国内，默克尔的这种姿态经常展现在民众面前，奇怪的是，谁也不能说自己真正了解她。而外交场合中的默克尔，则显得更加难以捉摸，她会将自己最大限度地包在壳里，轻易不露出真面目。这样的伪装在国际交往中非常必要，国家领导人之间的交往通常并不会轻易表现出各自内心真正的想法，相反，如何在对方给出的纷杂信息中探出对方真正的想法，才是最具挑战性的事。

随着步步攀升，默克尔在 2005 年终于爬到了德国政坛的顶峰。她将带领德国走向何处，将给德国带来怎样的影响，怀疑有之，质疑有之，希望有之，而默克尔早已将目光瞄准了那一个闪亮的航标：让人们更加自由。

默克尔登上总理宝座之后，各大新闻媒体都将她带来的德国新时代称为"女权的时代"。事实也的确如此，一位女性登上了一个国家的最顶端，更何况这个国家在世界范围内还有着强大的影响力，这对任何媒体来说，都是值得大书特书的。女权团体和组织也因此受到了极大的鼓舞。

2013 年 4 月 17 日，英国曾经的首相撒切尔夫人去世，常常被拿来与撒切尔夫人作比较的默克尔也发表了悼念致辞。在她看来，撒切尔夫人不只在英国的历史，乃至于欧洲历史、世界历史上都挥下了浓重的一笔，她是新一代女性在政治殿堂上勇往直前的榜样。

不过，默克尔本人对女权运动显得意兴阑珊。在她看来，那些女权运动的纲领没什么意思，她更喜欢那些自身坚强的女性。她们并不是特别为了女权而活动，只是坚持自己的理想，坚定不移地去实现自己的理想，那样的执着才是更吸引默克尔的品质。

在默克尔的观点里，政治中的男性和女性并没有太大差别。德国刚统一时，默克尔的印象里还一直保留着民主德国社会主义社会的男女平等，所以她几乎跟任何女政治家都没有什么交情，甚至包括在妇女政策上较为进步的人物。直至后来，默克尔在妇女工作中招致了妇女联盟的不满，她才开始接受教训，在妇女问题上变得积极了。

从事实上来看，女性会受到更多注视，更可能成为人们茶余饭后的谈资，性别和家庭也更可能成为媒体炒作的焦点。然而从实际境况来说，两德统一之后，对于人才的迫切需求让人们根本没有多余的空闲去关注一个人的性别，也不会因为性别而影响一个人的升迁。

但具体说来，东德的女性和统一之后的德国的女性，两者完全不同。

默克尔成为联邦部长之后，外界就对女性在党内所处的地位十分好奇。在东德，女性都被提倡全职工作，同时她还必须承担家务工作。而在东德压抑的环境里，没有人去想这样的安排是否合理，也没人去讨论是否有更好的方案，妇女们必须承受来自社会和家庭的双重压力。

随着东、西德统一，默克尔成为联邦部长，对妇女的关注越来越多。前后时期的转变也让她深刻意识到，妇女在社会里具有不平等的地位。为了改变她们的现状，默克尔采取了许多方案，从今天来看，德国女性的地位也的确得到了很大的提升。

作为政治女性，默克尔的位置倒是一直没有受到太多诟病。从联邦部长一路升迁，即便党内男士对此有过一些怨言，但女性身为部长这个事实，仅是他们抱怨的一个方面而已，这和他们抱怨哪位女性的发型着装之类没有任何区别。除却默克尔，在德国政府内也有很多其他女性，实际上，1990 年科尔将所有与妇女工作有关的岗位几乎全部交给了东德的妇女的事实就已经说明，性别意识在德国政坛并不浓厚。

而随着合作的加强，妇女们在政治工作中的能力更大程度地展现出来，彼此的合作也更加亲密无间。比起男性，女性总是更贴近生活，提出的政策也更具备一定的可实施性。在默克尔看来，工作中的男性和女性并无特殊的不同之处，性别绝不是一个人做不好工作的原因。女性和男性是平等的，女性也可以依靠自己的力量去实现自己的价值。

不过也得承认，在同一件事情上，女性受到的批判更多。比如出席会议时，女性的着装、声音、身高等都会被评头论足。女性必须比男性花费更多的时间和精力去准备自己的服饰，一旦衣着不当，受到的批评比男性要多得多。声音也会极大地影响女性的形象和自己发言是否能达到效果。通常情况下，不少女性的声音过于尖利，这让许多人听不惯。

除此之外，强势的女人总面临着自相矛盾的评论：太过强势会被人们质疑说"这是女人吗？一点都不温柔"；若是表现得太过弱势，其政见又不能得到有效的支持和认同。

这些放到默克尔那里，都是无足轻重的。她知道，民众最关注的是这位领导人的真实性。她的工作情况、她的措辞，都在向人们展示这位女性的真实。当然，不能小看群众的眼睛，他们确实能体会到这样的真实。

随着政坛中女性力量的增加，未来可能会出现更多的女议员、女部长、女市长。早在默克尔初入德国总理府时，就有评论认为，那是默克尔的"娘子军"基地。默克尔非常讨厌这个说法，"这是我听到的最令人感到不安的言论，不管从哪个方面来看，'娘子军'这个词都显得阴险而又滑稽。"

默克尔认为，完全没有必要特意强调她女性的身份，民众根本不必因此对她产生或同情或记恨的情感，只需把她当作普通的总理就可以了。以往，总理面临的问题不会因现任总理是女性而变得困难，每一任总理也都能在各自的政绩上获得荣誉，这样的荣誉也不会因总理是女性而消失。衡量男性与女性的标准是一样的，那就是各自的成绩。

因此，默克尔并不觉得需要特别强调所谓的女权，女性在德国政坛内的发展并不会受到来自性别层面的歧视。换句话说，在德国，女性的地位已经得到大幅提高，在许多领域都不会受到歧视，只是人们的传统观念仍会给女性带去一定的影响，但那完全没有任何实际的作用。

默克尔不看重女权运动，不代表其他女性也是如此，许多女权组织和团体仍将她视为女权的代表人物。默克尔认同的那些女子该坚守梦想、与男性被同等对待的观点，都符合女权活动者们的要求。与此同时，2013 年的当选让她即将超越撒切尔夫人，成为新时代执政时期最长的女性，如此来看，在世界女性榜样的名单里，她很可能成为首屈一指的人物。

8

难缠的 "欧债"

欧债风暴

　　国际形势的变迁，对世界上任何一个国家都有着牵一发而动全身的影响。当世界局势出现难以主观调控的动态，大大小小的国家就得提高警惕，以免惹祸上身。无疑，欧债危机的来临让不少国家头痛不已。

　　自 2006 年美国次贷危机爆发以来，整个世界的经济情况就陷入了不断的波折之中。从美国开始，危机不断蔓延，到了 2009 年，希腊爆发的主权债务危机吸引了全球的目光，随即债务危机席卷整个欧盟。

　　在外界眼中，希腊作为一个小国家，其经济在欧盟成员国中一直处于拖后腿的状态，而此时具有国际信誉的信用评级机构将其信用等级降低，必然会让许多国家、国际大型企业动摇，为了安全起见，它们都会选择从希腊撤资。而希腊本就没有偿还债务的实力，相关负面影响被放大了许多倍。

不久，希腊政府不得不采取临时的财政紧缩政策，让其经济持续下滑，这尽管在一定程度上增加了税收，但对庞大的债务来说仍是杯水车薪。

随着希腊危机的爆发，美国的各大金融机构也掺杂其中，趁机夺取利益。通过将欧元沽空并从中赚取巨大差额的方式，高盛、美林等大型投资银行聚敛了庞大的财富。他们以较高价格迅速卖出一定数量的欧元，伴随着危机的深入，欧元落入危险的境况，汇率大幅下跌。

正值此时，高盛等又开始大量回购欧元，中间的大幅差价则成为他们的利润。欧元深受其害，仅在 2009 年 12 月到 2010 年 2 月这短短的 3 个月时间里，对美元的汇率就已经降低 9.38%，信用也随之直线下降。

希腊作为欧盟成员国深陷泥潭，欧元区的国家并不会对此坐视不理。希腊的债务中同样包含对其他欧盟成员国的大量债务，它与西班牙、葡萄牙、法国、德国、爱尔兰等的频繁经济往来，让所有的欧盟国家都不可能独善其身，尤其是德国。

早在希腊危机爆发之前，高盛集团就事先买入德国高达 10 亿欧元的信用违约互换保险，期限为 20 年。这个保险规定，如果目标国的信用在 20 年之内出现违约，那么德国就需要支付给高盛集团巨额赔款。很明显，这是早有预谋的行为，也因如此德国和希腊牢牢地拴在了一起。

如何挽救希腊就成为欧盟的主要议题。

2010 年 5 月，欧盟、欧洲央行、国际货币基金组织决定贷款 1100 亿欧元给希腊，但要求其必须严格实行财政紧缩政策，加紧促进经济好转。与此同时，欧盟各成员国财政部长促成了对希腊的总价值 7500 亿欧元的救助措施，以控制希腊危机进一步蔓延的速度。只是，由于紧缩政策并不能带来立竿见影的效果，希腊仍需要渡过非常艰难的一段时期。

有了大量的救助资金，国际评级机构也没有因此改变对希腊未来经济状况的评判。相反，它们开始了进一步扩散债务危机的行动，目标则是处在经济发展中享有"凯尔特之虎"美誉的爱尔兰。

2010 年 8 月，它们迅速下调爱尔兰的信用等级，由此使其经济受到巨大影响。11 月，债务危机在爱尔兰全面铺开。到了 2011 年，葡萄牙、西班牙遭受到了同样的待遇，由此使得经济不断动荡，政府偿还债务的能力不断下降。

次年 1 月，国际三大评级机构展开了进一步攻击，除了德国、荷兰、芬兰、卢森堡之外的所有欧元区国家的信用等级全部被下调。阴霾笼罩了几乎整个欧洲。

这样的舆论攻击之所以能发挥效用，很大程度上得益于目标国家的经济规模和整体信誉。相对来说，法国和德国受到的冲击要小得多。事实上，对任何一个国家来说，临时抽调出足够的资金去偿还国家外债，都是非常困难的事。这就好比突然让一家公司兑现所有的股票，或一个大型银行的股东突然要求银行兑换其高达 30% 的股金。

2011 年，欧盟并没有放任自己的成员国陷入灾难之中，经过细致的分析之后，他们迅速采取措施。4 月，欧洲银行开始抛售

MBS（抵押支持债券）。到 2011 年年底，在不到一年的时间里，美国 MBS 市场原本只有 10% 的下跌速度迅速飙升到 50%。

作为美国金融衍生品的根源，一旦 MBS 市场受到大幅震动，美国金融市场背后的许多问题就会暴露出来。

那么，为什么欧元区会选择攻击美国呢？

实际上，欧债危机并不完全是由欧盟国家本身经济制度及其政策的缺陷带来的问题，最根本的在于，它是美国妄图转移自身经济困难而将危机转嫁给欧盟的一个措施。

陷入次贷危机的美国，在很长一段时间里根本无法走出困境，国内经济情况异常艰难，美元地位一落千丈，人们对美元的信心普遍降低。

反观欧盟及日本，尽管也受到一定程度的影响，可经济增长仍然较为稳定，尤其是欧元的表现非常夺目。危机下的美国人民对自己的债务毫无偿还能力，只能通过外部途径来寻求经济的好转。于是，美国将目光投向了欧盟。

此外，美国还考虑到中东的石油问题。

美国对中东的石油一直虎视眈眈，伊拉克战争之后，美国又将目光投向了伊朗。而中东地区的代表性国家与欧盟的经济来往，比起美国更为频繁，加之地域邻近，合作也更为便利。

为了打破中东与欧盟这种良好的关系，美国从迪拜入手，将危机引向欧洲。迪拜是阿联酋的第二大酋长国，国内经济主要依靠金融和房地产行业，石油并不在其中占主要地位。通过房地产行业的渗透，美国成功地让迪拜陷入经济危机之中，而购入大量迪拜债权的欧洲银行因此受到影响。可这只是美国布局的前奏而已。

希腊在危机爆发之前，为了掩饰自己残破不堪的经济状况，曾向美国高盛集团寻求帮助，这颗定时炸弹彼时就已经深深埋下。

高盛集团特地为希腊量身打造了一套经济策略：希腊政府发行一笔价值 100 亿美元的国债，分批分期上市，高盛集团将其买入，并规定一个"合适的"汇率将这笔钱兑换成欧元。通过对这个汇率的把控，高盛集团多给了希腊 10 亿欧元，但这笔钱是未来的还款，并不会出现在当年的账面上。得益于此，希腊的账面经济状况出现大幅度好转，实质上却是进一步恶化。

实质恶化的情况并不容易显现出来，而在全球三大评级机构的影响之下，希腊没有任何逃生的机会。

在整个欧债危机爆发的过程中，三大评级机构"功不可没"。其中，标普和穆迪都是美国公司，且占据了 40% 的全球市场，拥有绝对的控制权，惠誉是它们之中唯一一家有欧洲注资的公司，但从其本身只有 14% 的市场占有来看，根本不能发挥任何有效作用，更何况它本就是这场危机的积极发动者之一。

就在欧盟、国际货币基金组织不断采取积极措施减轻债务危机带来的影响时，美国的行动仍在继续。

当时国际货币基金组织总裁是斯特劳斯·卡恩，一位 62 岁的法国老人，他在此次事件中多次采取有效措施对欧洲进行经济救助，却被美国逮捕。理由是，他涉嫌性侵一个 32 岁的美国黑人女服务员，值得说明的是，卡恩的身高只有 168 厘米，但那名女服务员的身高是 180 厘米。

此次事件开庭审理时，卡恩申请保释但遭到拒绝。尽管其提出自己的女儿在纽约、妻子在华盛顿，自己不可能潜逃，控方律师仍对此视而不见，坚持称不允许其保释。此次事件不久之后，卡恩就辞掉了自己的工作。事实上，他不过是美国在转嫁危机过程中的牺牲品。

随着欧元陷入极大的危机之中，美国自身却得到了良好的发展。当人们由于次贷危机将目光转向欧元时，欧元区的债务危机又让他们将目光转回了美元，美元的信誉一度得到良好的提升。得益于欧债危机，流往美国的投资、债券、股票等大幅上升，这让美国经济呈爆炸式增长。

事情发展到这个地步，人们都看出这是美国作祟的结果，国际上对三大评级机构的信誉评价不断下滑。这主要是因为，美国在遭遇经济危机时，同样陷入了非常严酷的境地，就在欧洲发生债务危机时，它的境况也没好多少，国际三大评级机构却对此视而不见，从未降低其信用评级。

面对舆论的压力，标普不得不在 2011 年 8 月宣布调低美国的信用评级。实际上，此时的这一措施根本不可能对美国经济有丝毫动摇，美国也根本没有因此受到任何影响。

危机来临已过去很长一段时间，欧洲各国领导人也已经做好充足的准备，对希腊的救助措施也在慢慢发挥作用。从对美国评级降低却没有引起经济上的"过敏"反应开始，以德国为首的不少实体经济国家就在考虑，评级降低是否真的会带来国家经济的实质衰退。同时，也有不少人开始认为，国际评级机构不过是美国的工具，并不一定能代表各国真实的经济状况。

危机"太极拳"

欧债危机让整个欧洲都乱了套，但其病毒式的扩散却未让德国受太大影响，这都得益于默克尔的"先见之明"。

默克尔上台之后，承接了施罗德政府的经济措施，如劳动力市场改革、社会保障体系改革等，取得了卓著的成果，而其带领的政府新制定的企业税改革也发挥了一定的效用。

2006 年时，整个德国经济仍在不断向前迈进，就连经济危机来临也没有阻断德国前进的步伐。尽管彼时的经济遭遇停滞，让不少德国经济学家捏了一把汗，但没过多久，前期的各项改革发挥了有效作用，德国的经济继续奔驰。

到了 2009 年，默克尔迎来了自己的第二个任期，欧债危机此时来势凶猛。

从希腊开始的"多米诺骨牌效应"，爱尔兰、葡萄牙、西班牙一个接一个地陷入主权债务危机之中，但德国独善其身，保持了稳定的经济发展。究其原因，很大程度上要归功于默克尔领导的黑黄联合政府，即由以黑色为代表颜色的基民盟和以黄色为代表颜色的自民党组成的联合政府。

联合政府于 2009 年 6 月实行《债务削减法案》，这是一项非常严厉的限制财政赤字的条例。它要求联邦政府从 2010 年开始，每年要在联邦预算中节省 100 亿欧元，各个州政府从 2020 年开始不允许再举债。

随着欧债危机在欧元区全面铺开，德国的经济因改革成功而始终保持强劲的增长势头，加上政府厉行节约，让德国的债务情况得到好转，就算遭遇债务危机，德国也已经有了积极面对的基础。可是，欧元区的其他国家没有如此准备，因而纷纷陷入泥潭之中。

作为欧元区首屈一指的领导国家，德国将如何行动引起了整个世界的关注。默克尔的压力并不小，突如其来的危机让德国乃至整个欧元区都有些措手不及。面对诸多质疑，默克尔仍保持了自己一贯的稳健作风，在没有商讨出有效措施之前，绝不开口胡乱发言。

随着希腊危机的蔓延，消极舆论不断增加，欧洲不少媒体都提出"欧元是否要走向灭亡"以及"欧盟是否要就此解散"等问题的质疑，更遑论潜藏在各个欧盟成员国内部的不安情绪。

可以说，欧洲正面临着前所未有的危机，在应对过程中，并不能指望英国。英国一直与美国站在同一阵线，且由于其并没有加入欧元区，因此它的经济发展根本没有受到较大影响。此时，唯一能指望的就只有德国。

担负起如此重大责任的默克尔，在面对强悍的舆论攻势时，坚定不移地说："欧元绝不会消亡！"尽管尚未得出有效的应对措施，但她坚定的态度就已让许多欧盟成员国重拾信心。她在接受采访时强调，欧债危机绝非欧元危机，对德国乃至欧洲来说，欧元的角色都至关重要。

承诺是许下了，那么究竟该拿出一个怎样的解决方案？

当危机只在希腊爆发时，德国并不想实施救援。彼时，德国民众仍在实行严厉的节约政策，若要把这节约来的钱拿去救希腊，他们是绝对不干的。默克尔也必然考虑到这一点。实际上，德国国内的民意倾向很大程度上决定了默克尔的最终应对方案。因此，2010 年，德国也只承担了由国际货币基金组织、欧洲央行发行给希腊的 450 亿欧元贷款中的 84 亿欧元。

随着欧债危机的进一步发酵，德国无法再忽视这场危机带来的巨大影响。默克尔提出，德国已经为欧元区其他陷入债务危机的国家准备好救助款项，但能否取得这项资金，取决于该国是否能提供一套具体可行的整体财政节约方案。除非欧洲中央银行和国际货币基金组织能够肯定该国方案的有效性，否则德国不会出一分钱。

默克尔同时表示，坚决不接受希腊退出欧元区。此时此刻，希腊最优先的考虑应该是如何摆脱危机，如何紧缩财政，如何保持欧元的稳定。

默克尔认为，走出此次危机的最好办法就是严格实行紧缩政策，稳定政府债务，再谋求经济发展。随着德国的表态，希腊尽管不情愿但仍必须实行严厉的节约。

实际上，这项政策引起了希腊人的诸多不满。随着欧债危机在 2011 年的进一步扩大，更引起了大部分欧洲人的不满。之所以会如此，归根结底是德国人的国民性。

自"二战"以来，德国能取得如此迅速的经济发展，主要依赖于人民的努力。可以说，现在的成绩都是德国国民一点一滴的汗水换来的。但欧洲其他国家就不一样了，他们习惯慢悠悠的工作和闲适的生活，突然让他们厉行节约，勤俭度日，自然受不了。

到了 2011 年，默克尔与法国总统萨科齐进行会谈，总结提出了一套完整的欧盟改善方案。由于此次危机带来的问题，默克尔认为，欧盟必须做出一定的整改，具体实现则需要通过修改《里斯本条约》和《稳定与增长公约》来达到。其中，《里斯本条约》相当于简版的《欧盟宪法条约》，而《稳定与增长公约》则是为防止欧元区通货膨胀、保持欧元区的稳定而设立的。

这项方案的具体内容是：首先，建立一个由欧元区 17 个成员国及其政府首脑组成的欧洲经济政府，这个政府的主要目的在于定期对各国的财政政策进行协调。

其次，对《稳定与增长公约》进行修改。这部分内容包括：第一，将国家负债情况与财政赤字放到同样的高度；第二，加强预防，一旦成员国违反欧盟为各国发展制定的中期目标，立即施以罚款；第三，为了让全体欧盟成员达到前期制定的中期发展目标，将严格控制各个国家的财政政策，并为此设定最低标准；第四，一旦出现经济失衡的情况，立即引入新的解决方案；第五，建立长期危机应对机制。

再次，修改《里斯本条约》。内容主要为：第一，引入自动制裁机制，一旦有任何国家违反了财政纪律，立即自动制裁；第二，对欧盟所有国家制定统一的财政债务上限，并且由欧洲法院监督各国究竟有没有切实履行；第三，要求私人投资者承担债权损失；第四，尽快建立欧洲稳定机制；第五，欧元区的各国加强来往联系，每月进行一次会晤，会晤内容为如何保持稳定、加快经济增长；第六，保证欧洲中央银行的独立性，坚决不设立欧洲债券。

在 2011 年 12 月的欧盟峰会上，默克尔的上述方案几乎全部得到肯定，除了《里斯本条约》中要求私人投资者承担债权损失一项以外。原因是，这项案引发了整个欧洲市场的不安。

此次方案的通过，彻底确立了欧元区坚决严肃对待财政问题的主要政策倾向，同时也预告在 2012 ~ 2013 年，大部分的欧盟国家都将过上厉行节约的生活。基于此，欧盟的其他大部分国家都怨声载道，对默克尔的批评也多次见诸报端。

想要收获就一定得有所付出。默克尔的太极之法在于"腾挪转移"，她的这种转嫁虽遭致一些非议，可是带来的积极效应却是不容忽视的。关于这一点，恐怕只有真正的高瞻远瞩者可窥见一二了。

"施瓦本主妇"

欧债危机中，默克尔的强势姿态给欧洲人留下了非常深刻的印象，她提出的严厉政策更成为大部分欧洲人的"噩梦"。自那以来，对默克尔的批评之声就从未间断，称默克尔对希腊"见死不救"的抨击也时常出现。

从实际上来看，默克尔的政策的确给希腊、爱尔兰等国家的国民生活带去了非常大的影响。南欧、北欧的国民，长久以来的生活都非常悠闲，良好的社会福利为他们消除了大量忧虑，每一天都在享受生活，享受与家人共同度过的美好时光，"努力工作""加班"这种概念从来不存在于他们的思考方式里。

但是，默克尔的一道严酷法案，让他们必须改变这样的生活方式，每个人都必须认真工作、努力工作，每天回到家不能尽情享受，且要减少购买零食、饮用啤酒的次数。为了还清债务，每天必须想尽办法节衣缩食，必要的时候还得做更多工作。这样巨大的落差，无疑让大部分欧洲人难以适应，因此欧洲充斥着对默克尔的不满和抗议便不足为奇了。

除了欧洲以外，这次事件的始作俑者——美国以及隔岸观火的英国，同样通过媒体对德国的表现口诛笔伐，他们直接称默克尔为"施瓦本主妇"。

"施瓦本主妇"，在诸多文学作品中总是以一个贬义的意象出现，象征那些过于节俭最终让事情变得更糟糕的主妇形象。

而在这里，大部分欧美媒体显然在影射德国的过于吝啬，不肯拿出钱财去救助希腊，并指出这可能让希腊的危机进一步加剧。实际上，早在金融危机爆发时，英、美等国就向银行业注入不少资金来挽回局面，但默克尔是少数几个对援助金融业说"不"的人。

默克尔说："你去问问施瓦本主妇的建议吧，她会告诉你，短期内的透支是允许的，但是未来必须勤俭持家，若是到了入不敷出、最终还不清债务的时候，那一切就都完了。"

在默克尔看来，"施瓦本主妇"是个非常正面的形象，她会对目前的财政情况审慎把握，指出哪些钱该花哪些钱不该花，就算自己富裕了，也不能因此奢侈无度，财政有规划才是应该奉行的准则。

默克尔之所以始终在欧债危机中坚持"施瓦本主妇"的观点和做法，归根结底还是来自德国国民的影响。早在金融危机时，国家用纳税人的钱去拯救金融市场，就已激起不少民众的愤怒。在民众看来，钱都是自己辛辛苦苦赚来的，那些投机的银行家不但没有付出多少辛劳，反而拥有巨额财富，他们把民众的钱折腾出问题了，最后还要民众出钱来帮他们解决，这哪里说得通？

对于美国和英国来说，欧债危机正好将国内对这种情绪的关注转移了出去，而对德国来说就不是这么回事了。德国民众早就积压了不满情绪。他们认为，那些南欧、北欧的国家自己弄出了事儿，却要德国人拿通过辛勤劳动赚来的钱去帮他们解决麻烦，绝对是妄想！

事实上，正由于此次欧债危机，不少德国人已经在考虑退出欧元区的事宜。从德国民众的角度出发分析，不愿援助希腊是必然，可却不得不援助。为了维持欧元的稳定，为了德国的进一步发展，政府不得不做出如此选择。这着实让德国人憋了一口气。

他们想，德国自统一以来，短短几十年间能发展到如今这个地步实属不易，战胜了那么多困难，此时经济发展起来了，国家富裕起来了，为了解决国家财政问题，又省吃俭用度过了 2010 年、2011 年，眼看着马上就能享受，结果就是那几个过度闲散的国家又弄出这么一件事，搞得欧洲经济出了问题，还得我们善后，天理不容！

默克尔作为德国总理，无论如何都不可能忽视民众的呼声，这是她提出严厉的改革政策的根本原因。德国民众对此稍感舒心：不能光拿我们的钱，其他国家也得出力，且还要严格地监督。可见，"施瓦本主妇"这种概念虽在国际上受到诸多批判，但在德国民众那里还是颇为受用的。

"施瓦本"这个地方，其实本就位于德国西南部的巴符州，而巴符州是德国最发达、有钱人最多的地区之一，此处的人大多非常节省，且勤俭持家。他们的打拼轨迹也很普通，靠着辛勤的双手慢慢积累财产，有了钱也不乱花，最后由此走上富裕之路。施瓦本的人均收入，在巴符州的人均收入排行榜上名列第一。

默克尔自己也很欣赏这种一步一步稳健地步入富裕之路的发展方式。全球被经济危机折腾得死去活来之际，许多国家都陷入寅吃卯粮的状态且债台高筑，被内债外债压得喘不过气来，由此还引来非常不好的国际影响。

在默克尔看来，那些国家就该好好学学"施瓦本主妇"，量入为出，量力而行，不要异想天开，过多的债务总有一天会把政府压垮。

随着德国的表态，以及欧洲应对危机措施的进一步完善，欧盟内部最终达成了财政与经济政策合作项目。此次项目，包括危机应对系统和紧急救助措施两个方面，主要目标是稳定公共财政、经济和金融市场。

危机应对系统分为三个部分：为稳定公共财政而实行的新预算政策监控；为稳定经济而实行的新经济政策调控；为稳定金融市场而实行的新金融市场规则。其中，预算政策监控体系包含"欧洲学期"和《财政契约》《欧洲稳定与增长公约》《欧洲竞争力公约》等内容；新经济政策调控包括"欧洲学期"、"欧盟 2020 战略"、宏观经济不平衡监测机制、《欧洲竞争力公约》；金融市场规则有银行监控机构、欧洲金融市场监控机构、成员国的银行清算和银行重组、由欧盟主导的银行压力测试、更严格的银行规则等。

紧急救助措施包括欧洲稳定机制（ESM）和欧洲金融稳定基金（EFSF），并初步定于 2012 年 7 月开始实施永久保护机制，同时将于 2013 年开始运行暂时保护机制。不过，这套系统的完善过程并不简单，途中遇到的艰难、各国的分歧、国内外舆论力量的影响都给其诞生带去了麻烦。

在此之前，默克尔给人的政治印象只有不苟言笑和稳健作风，若是严格一点来说，根本没有任何鲜明印象。然而，由于此次欧债危机中的表现，德国民众大多认为，默克尔就是他们的"妈妈"，就算遇到危机，她也能带领德国这个大家庭稳定地向前发展。

2012 年 6 月，德国第一电视台的民意调查显示，民众对默克尔的满意程度达到默克尔执政以来的最高位，尤其是她在欧债危机中的表现令民众非常满意。身为一国领导人，还有比看到这样的结果更令人振奋的吗？

平静面对，主动出击

欧债危机不断蔓延，肆虐之地甚广，各国对欧元的不信任逐渐加重，不少国家已经开始准备应对一旦欧元崩溃可能引发的后果，此前采取的救助措施也不断受到怀疑。

随着欧洲受难面积的扩大，德国需要拿出的援助资金不断增加，国内不少人开始怀疑，究竟是否有必要采取行动救助希腊？摒弃欧元回归马克的呼声也此起彼伏。

默克尔保持了其在欧债危机中的强硬作风，力排众议。2011年10月，她达成了对希腊政府债务减半的决议，同时将欧洲金融稳定基金对困难国家的贷款金额上升到1万亿欧元。与此同时，默克尔仍在不断强调受难国家必须坚决严肃财政，否则别想拿到一分钱的基本要求。在她看来，各国政府若想要走出危机，必须先拿回市场对其的信任。

欧债危机之所以爆发，原因在于欧元区的所有国家尽管实行了统一的货币政策，但没有与之对应的统一的财政政策，为了规避其缺陷的《稳定与增长公约》又被大部分国家违反，其中也包括德国自己，由此危机不断蔓延。

为了重新取得信用，促使经济复苏，各国政府必须紧缩财政，减少赤字，同时进行结构性改革。为了监督各国的实施情况，还必须对《稳定与增长公约》的内容进行补充加强，完善其进行监督的整体框架。

首先要将欧洲经济财政监测体系，即"欧洲学期"引入《稳定与增长公约》。"欧洲学期"是一个针对未来各个政府经济、财政、就业等具体政策的协调机制，它同样囊括了欧洲未来的发展计划。通过该系统，各国可以根据欧洲和其他国家的发展情况来制订更符合自己未来发展的具体计划。其中还包含一套完整的监控计划，如果有成员国没有按照既定的要求对各自的财政进行肃清，惩罚机制就会启动，罚款将可能高达该国国民生产总值的 0.5%。

2012 年 3 月，欧盟首脑会议召开，除了英国和捷克之外的所有欧盟成员国通过了《财政契约》，《财政契约》全名为《欧洲经济货币联盟稳定、协调与治理契约》。这部契约的主要内容是：各国仿效德国，将肃清财政写入宪法，厉行节约，摆脱困境。这项要求的主要目标，在于让每个国家都能对其彻底重视，让每个国民都意识到必须得努力工作才能走出泥潭。

为了监督每个成员国做出的具体努力，契约还制定了必须达到预算平衡或者盈余的要求，否则自动启动惩罚，金额大约为该国国民生产总值的 0.1%。除非欧盟理事会通过不对其惩罚的决议，否则不能停止。

若是以上严厉的措施仍不能保证财政的稳定，那么只有施用最后一招——通过欧洲稳定基金的资金援助。

随后不久，在德国和法国的大力倡议下，大部分欧洲国家又通过了《欧洲竞争力公约》，承担特殊的经济政策协调以及趋同义务。这项条约同样受到"欧洲学期"的监督。

至此，欧洲为应对欧债危机已经做出非常完善的准备，这些措施也在一步步生效。希腊、爱尔兰等国的财政赤字不断下降，国债资本市场的情况也进入了好转期。但是，西班牙银行和意大利国债融资成本市场又引发了新的问题。

当欧债危机如芝麻开花一般"节节高"时，人们意识到这并不单纯是主权债务危机，而是债务危机、银行危机和经济危机的复杂合成体。

首先，政府救助措施向市场注入了大量资金，但银行手中的政府债券早已贬值得异常严重，由此使银行资产情况进一步恶化；其次，政府的厉行节约让国家的经济陷入更危险的境地。由于经济倒退，失业人口不断增加，税收减少，政府的债务负担继续恶化。这使欧洲大部分国家的经济面临着全面衰退的危险。

为了应对此次危机，发行欧洲债券的方案被再次提及，也再次遭到了默克尔的坚决反对。欧洲债券很可能让德国政府为这些国家的坏账埋单，这是一个方面的原因；此外，默克尔还担忧有了欧洲债券的帮助，许多国家会因此放松各自的经济紧缩，一旦发生这种情形，整个欧洲都面临着前功尽弃的结局，前期的大量投入也会打水漂。

2012年6月，20国集团峰会举行时，默克尔公开表示："解决欧债危机不应苛求德国！"6月26日，在德国国内自民党议会党团会议上，默克尔面对发行欧洲债券的提议时，再次强硬表示："只要我活着，就不会推行欧洲债券！"她就如同照看孩子的母亲，坚决不允许任何严重危害到德国的行为。

为解决办法，欧洲中央银行提出了另一套解决方案，即将基准利率降低到0.75％，实行"长期再融资计划"以及"无限制地购买主权债券"计划。0.75％的比率，可谓欧洲中央银行的基准利率的史上最低值。

无疑，这个计划遭到来自德国内部的抗议。2012 年 9 月，德国中央银行行长魏格曼就公开表示了反对。他认为，这个计划中，尤其是其中的第二个计划，会给德国的经济带来非常沉重的负担。德国国民也不看好这个计划。

彼时，正值希腊总理萨马拉斯访问德国，他向默克尔提出能否减缓缩减财政速度的要求，表示本国国内已经有些吃不消，希望能将期限从 2014 年延缓至 2016 年。默克尔对此的回应非常"暧昧"，她说必须兼顾希腊和德国人民的共同意愿。

但实际上，彼时德国国内已经对越来越高的救助金额深深不满，德国本身的经济也已经连续 7 个月呈现出收缩状态，财政部长朔伊布勒已在研究希腊退出欧元区将带来的后果。除了民众的呼声之外，联盟党的盟友自民党、联盟党内部基民盟的盟友基社盟也同时表示反对继续援助希腊，包括基民盟本身也有不少成员要求放弃希腊，默克尔不得不仔细斟酌。

最终，默克尔没有让人失望，德国将坚持继续援助希腊，拯救欧元，但希腊总理放宽期限的要求没有得到同意。为了安抚德国民众，默克尔必须做出如此选择。与此同时，她提出不能将希腊排除在欧元区之外，更不能让欧元区解体。她坚持认为，"欧元不只是一种货币，更是一种理念"。

默克尔选择支持欧洲中央银行的计划。

她放宽了贷款金额的数量，将其提高到 5000 亿欧元，总的援助金额已经超过德国联邦政府的年度预算。在随后进行的欧盟峰会上，针对欧债危机通过了三个相当重要的决策：第一，银行可以在"适当条件"下，获得欧洲稳定机制救助基金的直接注资；

第二，欧洲金融稳定基金和欧洲稳定机制可更为灵活地使用；第三，欧洲稳定机制归还资金时，同等看待欧元区国家和私人债权人。这次之所以能达成如此有效的决议，都得益于默克尔的让步。之前，她对三项中的第一和第三项都持绝对的反对态度。

新政策落地后，良好的效果逐渐显现出来，西班牙和意大利的金融市场趋于稳定，即便银行和房地产行业仍没能摆脱困境。银行对于金融产业的重要性不言而喻，为了控制银行的经济状况，欧元区政府首脑们决定建立一个欧元区统一监管机构，直接隶属于欧洲中央银行，通过对全欧洲具有一定影响力的银行进行有效监控，以及时对危机做出反应。而这项决议未来真正实施时究竟能否起到有效作用，仍有待验证。

总体来说，面对欧债危机，默克尔展露出她异常强硬的姿态，坚决要求希腊等国整肃财政，不让德国为欧元区其他国家的残破经济埋单，但与此同时，她又始终保持自己作为帮助者的姿态。

德国在"二战"中的历史溯源决定，一旦德国开始主宰别国命运、过多干涉别国发展，就会引来众人怀疑，由此会带来诸多负面影响。

从结果来看，默克尔对德国角色的把握非常恰当，尽管从实质上来讲，德国确实能左右希腊等国的整体经济，但默克尔并没有在援助过程中蚕食别国主权。

欧债危机仍在继续，不安定因素仍然存在，究竟该如何展开进一步的行动，彻底将欧元区从欧债危机中解脱出来，依旧是德国在自身经济发展的过程中必须要考虑的悬而未决的问题。

欧债危机中德国的表现值得称道，在默克尔的带领下，对欧元区遇难国家的救助进入了正轨。她施行的严厉措施、表现出的强硬姿态，都让人们对她有了新的认识。全球的舆论自然也不会忽略默克尔的精彩表现，对默克尔的肯定与批评、赞扬与贬低充斥着各大媒体，正反两极的评价昭示着人们对默克尔的复杂情感。

9

外交有术

一半火焰，一半海水

欧债危机对默克尔的考验结果已"昭告天下"，纵然不是每个人都对她竖起拇指，可鼓掌的毕竟是大多数。她的强硬和恰到好处的"妥协"，叫人印象深刻。她始终是这样一个人，不急不缓，徐徐而前。

若说在欧洲局势中一枝独秀大有占尽地利、人和的因素，那么她在对待亚洲国家以及其他地域国家的事务上，便只能凭靠无法洞悉的天时和自身才华了。令人赞叹的是，她在外交上一样让世界侧目。

2006年5月，默克尔继任德国总理之后第一次访华。

德国前任总理施罗德在位时，将与中国的经济合作和发展作为两国外交的重点。从默克尔初次访华所提出的问题来看，她显然并不认同这个观点。经济问题并不是她交流的全部，在访问中，她阐述了自己对于宗教和人权等相关问题的看法。

施罗德把经济作为主导中德外交关系发展的重点，源自两国几十年间形成的约定俗成的合作传统。施罗德之前的总理科尔在任时便和中国建立了友好合作关系，施罗德将这层关系向更加亲密的方向推进了一步。

默克尔上台后，一改常态，总是与中方保持一定的距离。这种"距离感"，是否有意为之并不清楚。不过，可以从之后发生的一件事窥知一二。

2006年，中德两国名校共派出100多名优秀博士生、教授共同参与有关认知系统和国际研究两个项目的研发，项目涉及十几个学科，历时4年。中德的首次合作获得了圆满成功，项目几乎没有瑕疵。这也为今后中德在高技术人才以及学术方面的交流打开了一扇窗。

除了教育和人才上的交流，中德两方的传统文化交流也越来越密切。2007年，默克尔亲赴中国，启动两国文化交流的系列活动。交流活动会持续3年左右，希望能促进两国人民之间的了解和交往，以及文化的交流。

次年1月，默克尔计划出访美国。在这之前，她回答国内一家媒体的提问时认为，与美国建立合作关系具有重要的战略意义。此战略意义是什么意思？默克尔访美期间做出了回应：中国等亚洲国家在国际上的实力与地位迅速提升，这对于西方国家来说是一个很大的挑战，因此德国等欧洲国家要和美国建立一个共同的市场，建立有战略意义的合作来应对挑战。

2007 年，中国和德国建交 35 年。8 月 27 日，默克尔第二次来到中国，这给两国的外交升温带来了希望。不过，默克尔并不会按着这种期望行事。

在同中国领导人的会谈中，第一次访华时被提及的知识产权保护、环境保护和人权问题仍是默克尔此行的重点。另外，她还提到有关中国产品的质量问题，中德双方对此都存在较大分歧。

此行中，默克尔还到中国社会科学院发表了一场演说，直指中国不重视保护知识产权，对中国"抄袭"德国汽车制造等方面的问题进行了严厉批评。在她看来，简单、一味地仿造而没有任何原创性质的模仿就是一种"偷"的行为。

中德双方和社会大众原本希望两国关系借着建交 35 年的机会回暖，结果事与愿违。而真正令中方感到愤怒的是默克尔从中国返回国内的一个月后，就在德国总理官邸会见了达赖——这是德国历史上从未有过的。这一做法真正将中国和德国的关系推到了危机边缘，中国取消了原定的两国高层领导会谈。

2008 年 10 月 24 日，默克尔第三次访华。

这次会面正值全球金融危机期间，几乎所有国家的经济都出现了不同程度的下滑。德国对中国的这次出访，也是针对这一危机展开的。3 个月后，时任总理的温家宝到欧洲访问，和默克尔就两国以及全球的经济发展问题进行了会谈，结束后还发表了关于双方经济合作的声明。

是年，默克尔在媒体上表示希望中国的奥运会能取得成功，并会尽全力促进中德友好关系。当时，默克尔这样公开的"示好"也许是出于压力，而如今中德关系的升温则得益于她对于中国越来越深的了解，以及对世界不同制度国家多样化发展的尊重。只有真正从内心理解、尊重和接纳对方的体制和国情，两国友好外交才会出现实质性进展。

2012 年，中国在德国开展了"中国文化年"活动，无论是规模、持续时间还是影响范围，都是中德交往史上的一个新纪录。

默克尔说，德国的人民非常喜欢中国文化，也希望能和中国人民建立深厚的友谊。在文化发展方面，德国和中国有很多的相似之处，都有非常久远的历史和传统。以往，包括德国领导人在内德国民众对中国的了解都很少，现在德国对中国的兴趣越来越大。

近些年，中国和德国每逢新年，会派出一些文化组织到对方国家进行演出。德国国内著名的交响乐团到中国为新年音乐会助阵，中国的演出单位则将欢度新春的活动搬到德国首都的火车站。这些异国文化不仅给中国和德国带去了新鲜，也使得两国的外交和战略合作趋于更加紧密的程度。

随着默克尔对中国的进一步了解，她之前对中国强硬的态度也逐渐发生了改变。她更加了解真实的中国，也看到中国在国际上起到的正面、积极的引导作用，对华好感度逐渐上升，她甚至毫不掩饰地在言谈中表露出来，这从其于 2010 年 7 月 15 日的第四次访华中的言论便可见一二。她说："中国的发展之路让人们充满了信心和力量，足以引得全球瞩目。"

德国与中国的交往，给德国的经济发展带来了巨大收益，默克尔对中国的外交政策也从原来的以意识为主导的价值观政策，转变成以务实为主导的经济外交政策。

2012 年 2 月，默克尔第五次访问中国。

此时，德国正深陷欧债危机之中，和其他西方国家一样，德国国内的经济死气沉沉。默克尔说，中国是她在新的一年出访的首个非欧洲国家，这时来到中国确实是希望有所收获，但并不是物质上的帮助，而是求得一个信赖。

其时，欧洲经济发展确实令人沮丧，默克尔给出了一份具体的解决方案，且对经济形势的好转充满了信心。中国在国际社会眼中俨然是一个有经济实力和发展前景的大国，默克尔希望中国不要对欧洲丧失信心。当然，其中的潜台词则是，希望中国能到欧洲投资，这能给双方带来巨大的利润。

同年8月，默克尔应邀第六次访华。这次访华，同样是针对欧债危机中的经济进行的会谈。中德双方一方面巩固了第五次访华时建立的友好信任关系，一方面又进一步对中欧贸易不景气的问题以及复杂的国际形势进行了探讨。

六次访华历程，这条中德友好之路双方走得都不容易。不管怎样，中国和德国的外交关系前景乐观，只要双方尊重彼此间的差异，致力于进一步了解对方国家的国情，用沟通和信任护航，中德就能携手面对发展中的任何风浪。

价值观外交打碎的"瓷器"

世界上的第一条路总是布满荆棘，乱石横生，是那些勇者踏出了一个个坚实的脚印，方才为后世留下了平坦。两国之间的关系也是如此，若没有往昔的裂痕，就没有今朝的互敬互重。

默克尔在国际上推行的是所谓的价值观外交。

2007年10月23日，默克尔带领执政党发布了一份有关"亚

洲战略"的文件，第一次将"价值观外交"落于纸上。这份文件
表明，德国要重新定位与中国的关系，并且会调整施罗德在位时
制定的对华外交政策。一方面，中国在经济上的发展势头越来越
猛，国际地位也逐渐攀升，也许很快会成为德国在经济以及能源
方面强有力的对手。

在默克尔看来，中国和俄罗斯处在与西方民主制度不同的另
一个体制之中，德国在选择经济合作伙伴时，不能只考虑对方的
经济发展情况，还要看这个国家的人权与制度，这就像一枚钱币
的两面，缺一不可。

默克尔意图通过价值观外交这一政策，将中国和俄罗斯的制
度引上"西化"的道路。她这种强势的、不考虑对方实际情况的
外交政策，显然影响了与中国、俄罗斯的关系。

她顽固地认为，这种基于价值观的外交政策并非针对哪一个
国家，这是德国外交的基础；在和中东等国家交往时，德国也是
将这种价值观念作为导向，才得以长久地在国际上享有极高的声
誉和威望。

只是，她的这种做法不仅在国际上受到一些国家的谴责，德
国国内的党派也出现了反对声音。

2007 年 10 月，基民盟将默克尔的价值观外交作为一项重要
的外交成绩，拿到社民党的大会上炫耀，这引起施泰因迈尔的强
烈不满。他把这种外交称之为"橱窗外交"，批评默克尔说，真
正好的外交政策并不是拿出来给人们到处展示它有多么好，不是
放在橱窗里供人们参观和称赞的商品，而是真正有生命，能够切
实达到制定目的的政策。

会见达赖事件后，默克尔受到来自中国的强烈谴责，称在德国

没有对此事做出合理合适的表态之前，不会主动重建友好关系。

此时，默克尔才意识到事情的严重性，她主动地向中国外交部部长发出邀请。媒体评论说，默克尔的价值观外交政策是与世界发展的总趋势背道而驰的。这种政策不但会制约德国在国际上的发展，也会损害其他国家的利益。

默克尔领导的联盟党和社民党上台后，中德外交越来越频繁，虽然这其中不乏摩擦，但总体趋势是乐观的。德国越来越意识到与中国合作的重要，其应抛弃之前对中国不正确的认识，进一步促进两国的友好关系。

至 2015 年，中德已经建交 43 年，经历过许多磕磕绊绊之后，德中关系越来越紧密。

2008 年全球遭遇金融危机时，德国和中国携手共同应对危机，共同承担起推动世界经济复苏的责任。在这之前，德国与中国在国际经济上以竞争为主，但高手过招，除了输赢之外，留下更多的是尊重。中德都非常赞赏对方在世界经济危机中表现出的责任感，也更加了解对方，这为未来建立全面的战略合作关系打下了坚实基础。

中德关系的亲密，从德国对中国经济发展的态度就能够得出。中国经济刚刚在国际上崭露头角时，德国担心高速发展的中国会撼动西方国家在国际上的地位，默克尔以人权和民主体制作为与中国经济合作的"绑定"条件。而当 2009 年德国的"全球最大贸易出口国"的桂冠被中国夺得后，德国并没有出现抨击等负面评价，反倒对中国的经济发展力给予了充分肯定。

在德国经济界的专家们看来，中国能摘取这顶桂冠靠的是实力，其相信中国的出口额会不断提升，将会稳坐榜首，仅次于中国出口额的德国也将继续守住自己的位置。

对这两个国家来说，最为重要的是继续拉动整个国际市场的出口贸易，市场越大，每个国家的收益才会越大。

在补救与中国的关系上，默克尔的另一个"自知之明"是，她意识到中国的社会主义制度并非自己认为的没有人权、只会制造贫穷的制度。

在数次访问中国之后，默克尔看到了中国政府正在一条适合中国国情的道路上摸索前进，并用适合自己国家的社会主义市场经济保障了国民的基本生活。中国经济的发展改变了世界的经济格局，也改变了西方国家对亚洲国家的看法。

慢慢地，默克尔开始支持中国在国际合作和发展中的主张，即无论国家的大小和贫富，在合作中都应该被放在同样的高度，只有平等交流，才能促进国家间的合作，国际经济的发展也才能惠及全球民众。

此番波折，让默克尔看到了自己的"短板"，她也慢慢反省，意识到在世界大国的外交活动中，德国与中国的关系非常重要。不管是处理国际政治事务还是维护国际环境的安全，又或者是加快世界贸易的发展进程，德国都需要中国的鼎力支持。当然，德国的发展也有很多值得中国借鉴和学习的地方。

谁也不能保证将来没有磕磕碰碰。不过，中德之间的外交关系前景乐观，只要双方尊重彼此间的差异，用沟通和信任护航，还会出什么岔子呢？这一次，默克尔长了一智。

重地，要出重击

默克尔不喜欢被称为"铁娘子"，也许是因为她本人对撒切尔夫人有"想法",也许是不愿成为"他人第二",可外界觉得她就是"德国铁娘子":有性格,不做作,果断,不妥协,坚持己见……在外交上,欧洲和亚洲国家都已领略了这位铁娘子的独特魅力,虽颇有微词,也不得不承认其出色的外交才华。除了亚欧国家,北非和中东也一样感受到了默克尔的"铁腕"作风。

有两个问题,自默克尔执政以来就始终被她紧握在手:一个是决不放弃北非和中东两个能源重地,另一个就是一直不遗余力地推动环保外交。

早在20世纪50年代,德国就与埃及等几个北非国家建立了友好往来关系。德国对北非的外交政策受两方面的影响:第一,北非隶属于非洲,因此德国对非洲的政策也会影响到对北非的政策;第二,在宗教和民族等方面,北非和中东联系密切,因此德国对中东的政策也会影响对北非的政策。

"二战"后,德国被长期排除在国际石油市场之外,应对石油危机的能力偏弱。德国人口稠密、自然资源稀缺,对石油的重视程度自然不可小觑。德国人环保观念根深蒂固,历来比欧洲其他国家更青睐绿色能源。

德国虽是欧洲第一大国,却未能在欧盟中获得领导地位。无论是国际货币基金组织、经济合作与发展组织还是联合国,其从未进入领导核心;在国际事务中也屡次经受挫折,即使在中东、北非事务中,也未曾有过强大的话语权。这些都与德国没有占据能源重地有着莫大的关系。

1990年,东德和西德统一,德国政府也希望借机建立一个完善的对非外交政策,却一直未能如愿,原因之一在于北非始终不在非洲援助计划之内。

欧盟成立以来，环地中海地区一直是其外交重点之一。各个国家都越来越重视非洲发展对于全球的影响。地中海南岸的北非国家，不是国际航运要冲，就是拥有丰富的石油天然气资源，这无疑令其成为欧洲防范非法移民的重点区域。

2000 年，在联合国举办的跨世纪国家首领会议上，德国总理承诺将制定与此相关的政策。4 月，以非洲为主要对象的全球援助项目计划在德国发布，这项计划将会在 2015 年实施，项目涉及非洲的粮食、贫穷、教育和环境等多个内容，不过这项计划仍未将北非发展纳入其中。

默克尔上台后，这种情况发生了根本改变。2011 年，德国政府第一次将北非发展纳入对非的外交政策中。这表示，德国已经开始重视北非的局势变化和发展：这项政策涉及埃及、阿尔及利亚等 6 个北非国家与德国的双边和多边关系发展。比如，欧盟和地中海联盟国家之间的关系；德国与北非国家的经济、贸易合作关系；能源以及政治变革也列入此次的外交政策中。

另外，德国还加强了对北非的援助，其中包括对埃及在环境、就业和教育领域，对阿尔及利亚在经济发展和水资源领域，对利比亚在教育和基础设施领域，对摩洛哥在气候和可再生资源领域，对突尼斯在经济发展和环境保护等领域。

在对北非的外交政策中，可再生能源的开发和利用方面的合作方案特别醒目，与北非的这种合作对德国而言具有非常重大的意义。

首先，德国长期以来虽一直以科技密集和环境友好型国家示人，但由于拥有庞大的经济总量，依旧是全球第五大能源消费国，同时因受制于资源贫乏，德国还是全球第四大油气进口国。

德国的部分石油是固定从北非进口的，虽然数量不多，可这种贸易往来保证了德国与北非在进出口方面的平衡。能源和石油问题一直都是德国难以绕过的核心问题，对德国的重要意义不言而喻。

其次，出于能源和安全方面考虑，北非是连通德国与中东国家的重要关口。若要从中东获得石油等能源，德国必须经过此地。

最后，默克尔上台后，核能会慢慢退出德国的能源舞台，德国将面临能源结构的改革，这就需要一些具有充足新能源的合作伙伴，北非国家无疑是最好的选择。

德国对北非政策中有这样一条——从北非引进电力，这些电力是由北非国家的可再生资源产生的，特别是北非的西部富含风能、太阳能等可再生资源。德国对此做出了详尽的计划，旨在解决欧盟国家与北非共同使用太阳能发电的问题。到 2020 年，两国将会建成一个太阳能发电新项目，预计发电量在 20 千兆瓦。

同越来越详尽的对北非的外交政策相比，截至 2012 年，德国仍没有出台完善的对中东的外交政策。不过，却有与中东外交往来的几条原则：第一，德国有义务担负起犹太民族的过去和发展，要全力保护以色列的安危；第二，保护以色列的安全就能保证中东地区局势的安稳，进而保证欧洲的安全。

2008 年 3 月，默克尔带领德国 7 位部长一同到以色列出访，共同商讨关于德国与以色列建立合作方案的事宜，以色列也成为欧洲国家之外和德国建立这种方案的首个国家，一种新的友好合作方式将在两国之间展开。

随后 3 年，两国政府分别在两个国家召开首脑内部会议，对德以外交政策进行洽谈。随着时间的推进，两国的磋商也慢慢变得有序和常态化。

这种外交政策，也促进了两国在经济上的友好往来。在以色列所有的外贸合作国家中，德国是第三大国，与欧盟其他国家相比，德国对以色列的重要性稳坐榜首。德国的大众和西门子等名牌企业都选择在以色列境内安营扎寨。

两国除了在科研、教育等方面合作甚广，在军事上的合作也不容忽视。两国在海军的战备物资方面保持着长期的合作，即使在地区局势不稳的情况下也没有中断。

在以色列的海上防御系统配置中，舰艇是由德国提供的，这是以色列主动向德国提出的要求，德国也积极地给予了支持。到2012年，以色列已收到德国送去的军事设施"大礼"——3艘潜艇，另外两艘以电池作为前进动力的潜艇也很快就会完工。这份"大礼"花费了10亿欧元，其中1/3是由德国政府提供的。

2011年6月时，包括北非在内的一份对非政策发布，默克尔除了在军事上保持强硬的态度，其他方面均与国际上的盟友保持一致，即在帮助非洲国家改善生活环境、维护人权以及消除贫困等方面做出最大的努力。但是，在军事方面，默克尔拒绝参加北约武力干预利比亚的行动，不顾阻止售卖坦克给沙特阿拉伯。同时，反对联合国接受巴勒斯坦成为其会员国家。

默克尔在军事安全方面的这种态度，遭到国内和国际一些人士的谴责，可这才是她，从不让外界质疑左右自己的想法。诸多事实也证明了，这样的"大棒"之风很吃得开，也总能吃得开。

全球环保"代言人"

默克尔在军事、经济方面与诸国的频频接触，或许都是针对性的，而在环境上的"外交"却是全球性的。当温室效应开始被摆到国际台面上，世界上的任何一个国家都无法对其忽视，毕竟这关系到全人类的幸福。在这一点上，默克尔扛起了帅旗。

在担任环境部长时，默克尔就一直致力于环境保护，她做了大量工作，进行了人事调整，取得了丰硕的成绩。4 年中，最大的功绩莫过于 1995 年在柏林成功召开的联合国气候峰会，会议最后达成的《柏林议定书》是默克尔一直引以为傲的政绩。

随着全球经济的回暖，大部分国家进入快速工业化进程时代。温室气体逐年增加，超过了森林等植被的吸收能力。地球向外界释放的长波辐射被温室气体吸收，大量热量散发不出去，导致人类生存的环境气候温度越来越高，这就是"温室效应"。

温室效应给人类带来了严重的危害，全球变暖，冰川融化，海平面上升都是主要的危害表现。为了遏制全球变暖的速度，联合国各成员国决定举行全球气候峰会，一起商议解决办法。众所周知的《京都议定书》是各国达成的最重要的协议，不过人们并不知道商定这一协议的过程主要不是在日本京都，而是在京都气候峰会的前一届——柏林峰会。

1995 年上半年，上任伊始的默克尔就遇到了前所未有的挑战——以减少温室气体二氧化碳排放量为目的的联合国气候峰会将在柏林召开。默克尔意识到，在这次挑战来临之际，也是她展示能力，获取德国民众信任的绝佳时机。

作为东道主德国的环境部长，默克尔希望此次柏林峰会不仅能给各与会国家代表留下好印象，更希望能在柏林峰会上取得实质性进展，让人们记住这一次联合国气候峰会。

默克尔为柏林峰会做了大量准备工作，从各国代表们的住宿、饮食到峰会的场地、议事日程等，均亲力亲为。她从代表们的生活细节做起，不仅有舒适的住宿，符合各个地区代表饮食习惯的餐饮，还在长达半个月之久的会议间隙，为代表们安排有趣的活动，努力展示柏林风采，这一切无不显示她的心思细腻之处。

为了能在柏林峰会上就各国减少温室气体排放量标准等重大分歧达成协议，默克尔做了大量的问题预案，积极思考综合各国意愿的妥协方案。代表们都认为，温室效应已经十分严重，解决方案的出台刻不容缓，但在何时实施，发达国家、发展中国家的减排标准是否具有强制力等核心问题上，依然分歧严重。

分歧在两周的讨论中得以体现。各国代表在讨论中各执己见，在关键问题上互不相让，每天的会议都是在一片争吵声中度过。尽管默克尔努力从中斡旋，希望各方都能互相体谅，各退一步，稍作妥协，但依然无济于事。

发达国家指责发展中国家才是当下最大的温室气体排放国，应当负起相应的责任。发展中国家则指责发达国家在过去的现代化进程中同样排放了大量温室气体，现在国家经济繁荣更应以身作则。整个会议各方都在互相推诿与攻击。

两周的会议很快就要结束，依然没有最终的决议，这让默克尔倍感伤心。在临结束的一晚会议中，身体和精神都在崩溃边缘的默克尔终于再也忍不住了，当着各国代表的面，流下了伤心的泪水。默克尔在做妇女和青年部部长访问以色列时流过泪，但那并不为人所知，这一次当着各国代表的面流泪，让身边的工作人员和各国代表均深感震撼。

一同参加会议的同事贝特·鲍曼见到默克尔伤心落泪，低声鼓励她，希望她可以振作起来。

也许是受到默克尔流泪的刺激，在接下来几个小时的会议中，大家没有了以往的推诿，勇敢承担起自己本国的责任。最终，会议就核心问题达成一致协议，并在峰会结束后予以公布，这就是《柏林议定书》。

《柏林议定书》虽没有《京都议定书》影响重大，却是《京都议定书》的蓝本，一些重大问题得以解决，这为 1997 在日本京都通过的《京都议定书》打下了坚实基础。

默克尔主持召开的联合国柏林气候峰会最终圆满结束，本次峰会不仅取得了实质性的成果，为各国代表留下了美好的回忆，同时德国民众也看到了默克尔的努力，默克尔从此在国际上拥有一定声誉。

其实，德国一直都很重视环境保护。早在 20 世纪 90 年代初期，就率先制订了一系列减少二氧化碳排放的计划。联邦议院决定在 1999～2005 年把工业、交通和家庭的二氧化碳排放量降低 25 个百分点。有了这个计划，在 2007 年，德国的温室气体排放量比 1990 年降低了 21.3%。作为德国总理，默克尔要把这个举措一直延续下去，甚至要更上一层楼。

1995 年 4 月，默克尔出任联合国气候委员会第一届环境部长，她全心投入到减排减碳的工作中。坚持减少核废料，关注核心能源运用。1998 年，德法边界出现了违法处理核废料事件，默克尔因此次事件受到批评而选择辞职。

不过，这并不影响她继续为环保出力。只是，全球气候变化问题绝非一个人或一个国家就可以解决，这需要国际社会共同承担与解决。2007 年 6 月，八国集团首脑（G8）就"气候保护的实质性协议"召开会议，默克尔公开表示，她将为达成这一协议做最后的努力，希望各国首脑积极采取行动，达成一个具有约束力的气体减排目标。

此次 G8 峰会，是默克尔与德国在气候变化问题上取得的一次胜利。整个会议的焦点都集中在"气候变化上取得重大发展"这一议题上，并没有提及"美俄关系紧张"等议题。默克尔向全世界展示了她才是这次会议的主导人。

会议中，八国首脑就气候变化达成共识，认为温室气体排放必须大幅度减少，也认真考虑了欧盟、加拿大和日本提议的"在 2050 年之前减少 50% 的温室气体排放，全球气温升高限制在 1.5℃ ~2℃"的减排目标。将气候变化纳入联合国框架下进行，也得到参会者的一致同意。

其实，默克尔早在达沃斯世界经济论坛上就提出过减排目标，欧盟也一致认同这个提议。在 G8 峰会之前，美国小布什政府在气候变化问题上抱有怀疑态度。2001 年，小布什以"减少室内气体排放将会影响美国经济发展"为借口，拒绝签署《京都议定书》。正当大家猜测小布什会不会继续拒绝这次提议时，他却一反常态，表示会认真考虑，并同意在联合国框架下确定"后京都协议"。这对于默克尔来说，无疑是个很大的胜利。

《京都议定书》中，并未规定发展中国家的减少排放义务。在 G8 峰会上，八国首脑均表示，同意将中国及印度列入"后京都协议"。在这次会议上，西方国家达成统一观点，把矛头指向了发展中国家。欧盟主席巴罗佐在会上说："这不是欧洲变暖，而是世界变暖。"

2007 年 10 月，默克尔开始了为期 4 天对印度的访问。在这 4 天的访问中，她呼吁印度多参与解决气候变化问题，并表示德国愿意帮助印度成为能源使用国家。印度作为新兴经济体，也是主要的污染国之一，它害怕能源的新规划影响本国的经济增长，所以要求工业化国家承担主要减排额度。

印度科学家们表示，气候变化会对南亚产生重大影响。南亚的水资源一直以来都依靠季风降雨和喜马拉雅山冰川融水，若冰川消退，会影响数百万居民的饮水问题，也会对孟买、加尔各答等造成严重的威胁。默克尔和时任印度总理的辛格在会谈后签署了一份联合声明，表示必须寻找应对气候变化有效而实际的解决方法。

默克尔一直提倡节能减排。不过，其在 2008 年 12 月的欧盟峰会上改变了这一态度。为了帮助德国企业争取利益，她似乎忘记了气候变化、全球变暖等问题，这背后最大的受益者当数德国的汽车行业。

德国前经济部长格罗斯就默克尔的观点表示，在默克尔眼中，保护环境固然重要，但前提是不影响德国企业的发展，应当实现保护环境与企业共同发展的双赢局面。德国大力发展风力发电、太阳能发电为主的可再生能源，目标是到 2020 年的温室气体排放比 1990 年下降 40%，为此，德国还花巨资推广清洁能源汽车与新型建筑保温隔热材料。

德国的清洁能源技术领先世界，也希望通过提倡环境保护外销这门技术，默克尔呼吁国际社会共同采取行动，解决气候变暖给人类带来的危害。在她看来，保护环境的机会不容错过，这需要国际社会共同努力才能成功。

10
那些年，那些风波

冒德国之大不韪

公众人物的一举一动都备受外界的关注，无论好的还是不好的。默克尔登上德国政坛制高点，加之她本人个性十足，就不可能"安稳度日"。诚然，似乎作为公众人物，就必须配上各样的新闻，这仿佛是上位的"代价"。

2002 年，对于伊拉克战争的争论甚嚣尘上。年底，不少国家开始发表意见，美国也开始向一些国家发出出兵帮助的邀请。联合国同意此次出兵之后，对伊拉克的决议也发布下来，伊拉克被要求接受来自联合国的全面审查。

此次事件引起了全世界的广泛关注，除了部分国家支持美国以外，不少国家认为这样的做法侵犯了伊拉克的人权，因而坚决反对。法国就公开表示，绝不会出兵伊拉克，且在这个问题上会始终站在美国的对立方。德国的施罗德政府也同样持反对意见。麻烦的是，西班牙、英国、意大利等不少欧盟国家都支持美国，这样一来，欧盟内部就产生了矛盾。欧盟国家在做出本国选择的同时，也不得不将别国的态度纳入考虑范围。

从德国内部来看，施罗德的社民党持严厉的反对出兵伊拉克的态度，但默克尔的基民盟却持支持态度。施罗德在表达对此次事件的观点时，可谓做足了姿态。

他在公开讲话中不断提及"二战"中德国人民所受的苦难，强烈谴责了战争这种不人道行为，并认为不能将得来不易的和平轻易地毁掉。这种姿态赢得了不少从"二战"中存活下来的上一代德国选民的欢心。

而彼时，默克尔的态度则完全不一样。她多次在公开场合批评施罗德的这种做法，她觉得这会毁掉德国和美国的关系。此外，她还认为德国的态度并不会左右伊拉克的局势，美国出兵伊拉克的意图已经非常明显，别国是否反对都已经不再重要。而如果德国保持异议，那么在伊拉克看来，欧盟内部产生了裂痕，这样的出兵就不会具备多大的威胁。在此之上，伊拉克可能会发生更加过分的情况，最终把欧盟推往出兵的边缘。

但很明显，默克尔的想法没有被理解。当伊拉克问题成为国内最吸引选民的政治问题时，基民盟大选的失败便已注定。

2003 年年初，默克尔迎来了一次出访美国的机会。在此次访问之前，她事先发表了一篇文章，强烈地批判了施罗德政府对伊拉克战争的态度。她在文章中写道，施罗德并不代表全体德国人，他的态度并不是全体德国人的态度。施罗德这样强硬的姿态给德国人民带去了非常大的困扰，以后德美之间合作将更加困难，德国人民的各方面利益也会受到影响。

这篇文章一出，舆论哗然，来自社民党以及一些社会人士的谴责向默克尔铺天盖地般袭去。单从这篇文章看，并不会产生如此大的效果，最重要的是，默克尔的这篇文章发表在《华盛顿邮报》上，这就值得深思了。

德国法律中虽没有明确规定，但已经约定俗成：任何人都不许在外国的公共场合中发表对本国政府的批判或者意见。这也成了社民党揪住不放的小辫子。然而，这样过于明显的失误很显然更容易让人迷惑：这究竟是默克尔的蓄意而为，还是她真正的意思？

除了党外的谴责，基民盟内部的不少人士也强烈批评了默克尔的这一举动。不少人认为，默克尔这是自贬身份向美国示好，如同做了跟在美国后面的哈巴狗；也有人认为，默克尔的这种行为过于软弱，这样一来，全世界都会有种德国只会溜须拍马的印象，严重损坏了德国的国家形象。

众多议论、质疑不断环绕在默克尔周围，可这丝毫没有打扰她出访美国的行程。而此时，前往美国的助手人选问题又突然冒了出来。

一直以来，默克尔的助手都是朔伊布勒，从资历以及能力来看，他也完全具备辅助默克尔的资格。之所以说人选出现了问题，关键就在于，朔伊布勒对伊拉克问题所持的立场和态度。

在出访前的议会党团会议上，朔伊布勒建议德国和美国要有一定的间隔，不要太过密切。而德国外交专家博霍莱克则主张，要和大西洋国家保持友好关系。很明显，后者的对美态度与默克尔是一致的，且博霍莱克制定的外交路线也深刻地影响了默克尔的出访态度。故此，本该出现在出访队伍中的朔伊布勒换成了博霍莱克，这对朔伊布勒是极大的刺激。其实，默克尔正是想用这样一种方式告诉他，决定对伊外交态度的权力在她手中。

访问团到达美国后，受到了美国副总统、国防部长和副部长，以及安全顾问的亲切接待，当时的美国总统小布什并未在其中。但作为非执政党的一个党派来说，这算是一个很高标准的待遇。

即使最终美国并没有在伊拉克发现大规模杀伤性武器及装备，默克尔却始终坚持她的想法和做法。伊拉克战争结束后，美国人参与伊拉克国家重建时的表现也不尽如人意，默克尔也没有什么谴责，态度一如既往地随和。

当人们因此而指责她时，她却有一套应对的说辞。她认为，大家都沉浸在一种想象中，就是希望武力干涉能平稳地过渡为一种民主活动，这样的话，美国和伊拉克就会无阻碍地进入一种平和稳定的状态——这也仅仅是一种想象而已。不过，当美国虐待战俘的消息传来后，默克尔表达了对这件事情的态度——强硬地指责。

2003 年，在一次以国际安全为议题的会议上，默克尔详细阐述了自己的这一看法：德国和世界上其他国家一样，有过一段艰难的战争岁月，哪个民族和国家会希望重蹈过去的覆辙？大家都渴望和平，都希望避免冲突。但是，应该如何理解"和平主义"这几个字呢？任何事情都是一样的，过度地信奉就会成为一种极端偏激的错误。翻翻欧洲的历史也不难发现，万不得已之时只有依靠战争和武力才能推翻专制政权。

纵观默克尔对于美伊战争的态度和 2003 年的发言，不难看出，她一直在坚持她的理论——承诺不使用武力，但不会放弃使用武力。国际外交过程中，不可能没有冲突，万不得已之时就可能会动用军事和武力解决问题，这是不可能避免的。这样的做法只是希望解决冲突，让事情朝着好的方向发展，以避免出现更大更难以把控的危机。

第二次世界大战给德国带来了伤痛，也带来了民主，美国人说想把"民主"带去伊拉克，但又说伊拉克没有合适的土壤。默克尔不同意这样的说法，尊重人权和维护民主应该成为每个国家的权利。

默克尔秉持其不落窠臼的作风，在世界政坛如一朵奇葩一般，不逢迎、不退让，在任何事情上都毫不畏惧地展示其"大胆妄为"的一面。

来自总理府的宴请

树大招风，作为总理，发生在默克尔身上的新闻不断。这些新闻中，有些是趣闻，有些则把她弄得灰头土脸。这不，一次宴请事件又让她不幸成为众矢之的。

2009 年 8 月，德意志银行董事会主席约瑟夫·阿克曼在接受一次采访中提起，2008 年 4 月，德国总理默克尔为了庆祝他即将到来的生日，建议举行一场庆祝晚宴，而晚宴的地点就选在默克尔在总理府的办公室。

阿克曼说："默克尔告诉我，十分希望自己能在这个时刻为我做些什么。她提议我们一起在总理府过一个晚上，并请上一些国内外的朋友，共同庆祝一下。噢，我必须实话实说，那真的是一场无与伦比的派对。"

事实上呢？阿克曼所言的确属实。在 2008 年 4 月默克尔全力准备连任之际，为了庆祝德意志银行总裁阿克曼的六十大寿，她曾在总理府为阿克曼举办了一场规模盛大的私人生日 party。在这场奢华的宴会中，共有 25 位来宾，其中包括巴斯夫公司首席执行官贺斌杰，更不乏科学界、文艺界、媒体界以及商界的名流。这件事在当时并没有引起外界太强烈的关注，可谁也想不到这会演变成一颗定时炸弹。

成大事者往往都是沉得住气的，默克尔的政敌们更是深谙此道。

2009 年，德国的大选将近，正当默克尔与对手们的竞选之战打得正酣时，这条默克尔在总统府大搞私人宴请的"旧闻"成了政敌攻击她的有力武器。批评者说，这是默克尔拿纳税人的钱为阿克曼庆祝六十大寿。反对派们指出，默克尔在 2008 年任职德国总理期间，借职务之便，肆意使用纳税人的资金大搞豪华宴请。

社会民主党进而要求默克尔解释清楚，为何阿克曼的生日宴会要在总理府内举行。不仅如此，社民党更是在联邦议会财政委员会上直接与默克尔当面对峙。

在德国，政府为纳税人服务的观念早已深入人心，而默克尔在 2005 年当选总理时的那句"愿为德国效力"似乎还萦绕在耳边，如今却出了这样的状况。滥用纳税人的税金，就是背弃了为纳税人服务的原则，西方政界对这点尤其敏感。所以，对于"私自挪用纳税人的钱"这样的罪名，任何一位西方政治家都不敢轻视，它的恶劣程度甚至远胜过"桃色"新闻。

社民党的预算及财政专家翰尼斯卡尔斯首先站了出来，他提出："总理府并不是酒店更不是公关公司，不应该举行这种宴请，更不用说是利用纳税人的钱。"并要求默克尔提供当时在总理府为阿克曼设宴的种种细节和花销的具体数额。需要说明的是，德国的国家银行是位于波恩的联邦银行，而德意志银行是私人银行，因此阿克曼并非政府官员。

不仅如此，卡尔斯还向德国《帕绍新报》公开表示："我们德国的总理府不是用来搞这些聚会的地方，更不能够用纳税人的钱来为这种私人行为埋单……重点在于，默克尔总理是不是还用了人民的钱为另外的某些人操办了这样的活动。"

卡尔斯一再要求默克尔及总理府的工作人员公布那次"豪华私人宴会"的开支详情，并进而追问在总理府是否还发生过类似的情况，作为总理的默克尔是否还举行过类似活动。其姿态实在咄咄逼人。

当然，并非所有人都在质问默克尔。德国纳税人联盟负责人表示，社民党对默克尔的指责是不成立的："说她浪费纳税人的钱，这个说法显然是不合适的，因为在总理府举行的宴会活动并不是私人宴会。事实上，总理府每周都会举行一些政府组织的官方宴会。"他认为，默克尔为阿克曼的生日而设宴的行为一样也属于官方活动。

同样，德国总理府也在 2009 年 4 月针对社民党的质问作出了解释，阿克曼的生日是 2 月份，而默克尔对阿克曼的宴请是 4 月份，按常理说，阿克曼六十岁的生日宴会应该早在两个月前就举行过了。此外，4 月份的那场宴会已经提前就做出了通知。

发言人还表示，总理府经常有一些庆祝活动，4 月份的晚宴邀请的是社会各界的知名人士，所产生的费用属于正常的财政支出。而社民党所提到的要求公布宴会的细节，总理府没有给出解释，他们表示并不清楚宴会的细节，只是明确表示整场晚宴用于支付服务人员薪酬的资金为 2100 欧元，而宴会其他方面的耗资还无法统计。

有了回复，各界的反对声音却并没有就此打住。《德国商报》网络版披露，德国纳税人联合会（该联合会是一个在德国有相当影响力的民间社会团体）的负责人强烈地指责了总理府在 4 月举办的宴会："总理府不是给私人活动的地方。"他并不相信总理府的说法，认为总理府的解释根本站不住脚。

社民党显然对这样的解释不满意。卡尔斯在得知总理府的声明后对媒体说："在总理府宴请像阿克曼如此地位的人，不应该由纳税人为此埋单。我们的政府不是一个可以独断专行的政府。"

德国左翼党的议员盖辛纳吕岑也对这次活动表示了不满，他对外表示，这次晚宴的花费根本就无从查起，更不可能查得清楚。

也许有人会好奇，阿克曼究竟是何方高人，作为总理的默克尔竟然会为了他的生日大设宴请。

约瑟夫·阿克曼，德意志银行董事长兼执行委员会主席，1948 年出生于瑞士。身为瑞士人的阿克曼，是第一位管理德意志银行的外国人。他以异国人的身份领导着德国统领全国的金融机构，用斐然的业绩将保守的德国经济快速融入全球化的金融圈，在整个国际银行界获得了受人尊敬的席位。

德意志银行总部位于美茵河畔的法兰克福——那是德国的金融中心。在国际金融界，德意志银行董事长约瑟夫·阿克曼都是个呼风唤雨的人物。显然，享受如此盛誉的他必然有过人之处。

雷曼兄弟、德意志银行、花旗银行等都是次级贷款业务的VIP 玩家。发生在 2007 年下半年的次贷危机，从根本上说，德意志银行也是始作俑者之一。不过，雷曼兄弟破产了，花旗也伤得面目全非，唯独德意志银行却继续盈利，让人直呼奇迹。

一直有很多人说，阿克曼是德国金融界最有权势的人，自次贷危机后更不乏有人赠他一个"经济大导演"的称号。这样一位超重量级的人物，成为总理府的座上宾自然是无可厚非的。

2009 年大选选战正酣，德国社民党大炒去年的冷饭，他们的用意自然再清楚不过。截止到 7 月的民调显示，只有 13% 的德国民众支持社民党推出的候选人施泰因迈尔，而高达 80% 的德国民众支持默克尔连任。看得出来，不出意外情况的话，新一任的德国总理将由基民盟的默克尔继续担任。此时，社民党绞尽脑汁想要把默克尔的支持率拉下来，于是翻翻旧账，炒炒旧闻，意在出奇制胜。

这只是政党间相互竞争的惯用手段，就在 7 月末的时候，基民盟也揪着社民党的一起公车私用事件不放，好生指责了一番。

当时，德国卫生部长、社民党党员施密特在飞往西班牙度假的时候，让自己的司机把座驾来了个千里走单骑，送到前去度假的城市。结果就在西班牙，这辆价值 9 万欧元的奔驰车不幸被盗。

此事被媒体曝光后，成为社民党政治历史上一大黑点，也成了基民盟在大选前攻击社民党的有力武器。社民党一度陷入非常被动的境地，是时翻出默克尔貌似相同的错误，也是为了倒打一耙，至少这次"宴会风波"多少能转移大众的注意力，扭转之前社民党所处的不利局面。

核风波下的决断

默克尔的"硬气"，多见诸于外交，这也是外界了解这个不一般的德国领袖的一般路径。不过，她绝非在政治生涯登顶之后才变"霸道"的，果断早已成为她的特质之一，与身份、职位无关。

1997 年，默克尔遭遇了政治生涯中最大的危机。那场危机，即德国民众先是抗议核泄漏，后来演变为抗议整个核发电事业的活动，默克尔作为联邦环境、自然保护及核反应堆安全部部长，首当其冲成为民众集中喷火的对象。在这场"官民"之战中，她的决断之风一览无遗。

核变反应有聚变和裂变两个方向，目前，全球的核发电厂的反应机理都是核裂变反应堆。核裂变这一物理反应，被伟大的奥地利女物理学家莉泽·迈特纳于第一次世界大战期间发现，但迈特纳至今仍没有受到世人公正的待遇，她本可以像居里夫人一样名垂后世。

核裂变反应在今天看来已很简单，即不稳定的原子核在中子的撞击下，分裂为两个原子核或者多个原子核的反应，其间会伴随产生大量的裂变能。这跟台球运动类似，摆放好的球会在高速白球的撞击下散开。

核裂变反应过程中会产生巨大的能量，以常见的核燃料铀235为例，1000 克的铀裂变过程产生的能量，相当于 2400 吨标准煤炭释放的能量，同时整个放热过程完全无污染，除了反应结束后剩下的放射性物质。

核变反应的发现让整个世界都为之振奋，一旦核电得以全面利用，将彻底解决人类能源枯竭问题。各国均投入大量人力、物力、财力加快研究，很快，人类的第一座核电站于 1954 年在苏联建成。在此之前，将核反应用在毁灭人类方面的研究也有重大突破，即 1945 年引爆的原子弹——毕竟毁灭总是比建设容易得多。

在苏联建成第一座核电站后，人类进入核电时代，各国纷纷效仿苏联，德国更是将核电技术利用得淋漓尽致，成为世界上拥有核发电站最多的国家之一。原因就在于，德国是工业发达国，对能源有大量需求，可德国的自然能源并不十分丰富，虽然有不少煤储量，但欧盟的废气排放标准根本容不得德国肆无忌惮地烧煤，且煤资源储量越来越少，最佳选择似乎只有核电了。

随着核电站日益增多，安全问题也逐渐引起人们关注。从苏联建成第一座核电站起，就不断有核电站发生安全事故，鉴于核事故破坏性强、危害范围广、持续时间长等，德国很早就有抗议核电站的活动。引爆德国人民神经的，当属 1986 年 4 月 26 日发生的苏联切尔诺贝利核电事故。

切尔诺贝利核泄漏事故，导致德国人民开始强烈抗议核电工业。在民众心中，即使核电有再多的优点，也抵不过泄漏时的可怕，核电站就像是一座关着魔鬼的监狱。

托普费尔在任时，对于核问题的处理就遭到了德国人民的强烈抗议。他是一位极强硬的环境部长，始终强调不管核电到底是否该取消，只要现在的法律支持核电工业，他就坚定地执行政策。幸好，德国众多的核电站从没有发生过核事故，这也是托普费尔的幸运，所以尽管民众抗议，不过尚未酿成政治事件。

默克尔就没那么幸运了，说起来，她在面对这场核危机时有点冤。

默克尔自 1994 年任职环境部长以后，依然推行托普费尔的核电政策，虽有不少抗议之声，她还是坚持了下来。然而就在 1998 年 5 月，仅仅在大选前几个月，曝出了装有核废料的卡斯特储罐防护措施不足，核辐射超标的问题。

多年积攒下的怒火再也遏制不住，德国民众已经对核电工业失去信任，整个德国，尤其是建有核电站的地区，到处是抗议的人群。民众起初还只是采取集会示威等一些温和手段，默克尔也还如往常一样采用强硬手段，根本没有看出这一次问题的不同。

怒不可遏的德国人民失去理智，开始对准默克尔发泄怒火，令其下台的呼声此起彼伏，反对派也借此机会落井下石，站在愤怒的人群后鼓吹造势，甚至连默克尔的联盟党同事也无人出头相助。也许是大选将近，无人敢撞上民众的枪口吧。

当时，科尔出面支持默克尔，这也间接导致了随后的大选中，基民盟输给社民党。

一般人根本承受不了这种压力，除了少数党内人士支持以外，到处都是反对的人，默克尔有种四面楚歌的悲感。但默克尔又岂是一般人？作为物理学科的优秀生，她对核废料的处理防护工作比任何人都清楚，她早已查过相关政策，相关规定的防护措施完全可以处理好核废料，更不会有核废料储罐辐射超标的问题。

默克尔认为，当时更不可以辞职，辞职不仅意味着政治生命的结束，更意味着自己默认了错误。为了不背这个黑锅，她一步步地追查到底是谁的问题。

功夫不负有心人，最终真相浮出水面，不是自己的政策出了问题，而是核电企业没有按规定标准操作。

找到了真正的罪魁祸首后，默克尔必须向愤怒的民众解释清楚，身为部长的她，其实也有不可推卸的失察责任。但真正的始作俑者，是联邦各州的核电站以及相关州一级的核安全部门，因为按照联邦州的法律，核电站的运营及安全问题由各州全权处理。随即，默克尔开始了极为耐心的解释工作。

愤怒会使人失去理智，根本没人愿意听解释，他们只是希望默克尔赶紧下台滚蛋。默克尔再次展现了物理学家的耐心，一遍遍不厌其烦地为民众道出真相，最终，民众认清了谁才是真正该被抗议的对象。

问题看似解决了，可这只是开端。德国的邻居法国一直高调支持核工业，1998年，德国与法国交界处发现违规核废料，这下，默克尔不得不背上管理不善的罪名引咎辞职。即便如此，她对于核电使用的态度也已经很明朗，只要能找到取而代之的新能源，核能的出场率就会大大降低。

那时，德国正在服役的核电站共有17座，它们提供了全国1/4的电力。2002年，德国政府出台了一项逐步废除核电的计划，计划到2022年停止德国所有的核电站。

2009年，默克尔连任德国总理，在竞选时，她曾对民众说，还未能有足够的新能源来代替核能发电，因此将计划中规定的时间向后延长10年至15年是一个可接受的范围。

但是，默克尔发现这种逐步关闭核电站的方法给能源公司带来了很大压力，加上德国经济萎靡形势的影响，2010年9月，默克尔和她领导的联合政府决定，终止废除核电的计划，取而代之的是一份新能源开发方案。这份方案将目光放在了2050年整个世界能源的格局上，同时提出将会继续使用核电站。

2010年10月，默克尔公布了这一决定，顿时引起国内一片反对声，大街上出现了许多示威游行的队伍，这只是民众反核情绪的开始。

次年3月11日，日本地震引发核泄漏，世界为之震惊，德国也不例外。国内民众振臂高呼，要求政府对国内的核电站安全问题进行彻底审查。迫于压力，默克尔宣布，将暂停执行2010年公布的延长核电站使用时间的立法，此次暂停为期3个月。

德国国内媒体称，政府调整对核政策是为了拉拢民心。为何会得出这样的结论呢？当时的执政党内部对这个政策调整是有异议的，有人认为，新能源出现后，核电的出镜率会大大降低，但坚持认为核能是一种靠得住的过渡性发电资源。对核电的使用持拥护态度的代表者便是默克尔，所以当政府"违背"自己的真实想法做出对核政策调整时，民众普遍认为这是政府在拉选票。

另外，在日本核泄漏事件后，原本坚定地支持德国使用核电的部分政府人员对这一做法产生了怀疑，因此与默克尔等人产生了分歧，政府内部的分歧让民众对政府产生了不信任感。

在对这个会引发政坛动荡的问题进行深刻思考后，2011年5月31日，默克尔对外公布，将会在2021年前停止德国国内全部核电站，从此禁用核能。同时，她表示会加大开发和使用太阳能、风能等新能源，如果到那时新能源不能解决德国的供电问题，政府将会把部分核电的关闭时间向后延迟一年。

其实，假若没有默克尔在弃核问题上的坚持，德国政府是很难迈出这艰难的一步的。默克尔之前把核能视为一种可靠的过渡性能源，但日本核泄漏以及巴符州大选之后，她的态度发生了巨大变化，她放弃了一直力挺的核能发电，宣布禁用核能。否定自己，否定自己曾经的言辞并非一件易事，特别是以国家总理这样一个特殊的身份。

默克尔是一个政治人士，但她也是一个物理博士，从这一点来讲，她对于核电的现在和未来的认识比大多数人更为专业。有人说，在发布禁用核能的消息的前一晚，她和同样是物理学专家的丈夫整夜讨论这个问题。这只是大家口口相传的一个版本，与和执政党整夜讨论核问题相比，这个版本让默克尔的形象更加贴近民众。

默克尔的这个决定并不是一时冲动，而是建立在对核电的充分了解和对德国未来资源长远发展的考量上的。

放弃核能是一件需要勇气的事情，但更需要面对的是德国放弃核能后的能源问题。对于德国的能源业来说，这是一个非常痛苦的转型，但默克尔胸有成竹，她有信心将德国建设成一个利用风能和太阳能来发电的环保低碳型国家。

放弃核能这个做法，放到国际上任何一个国家都不是一个容易的决定。如果能如愿完成这一壮举，德国将是全球第一个重点依靠新型再生能源的国家，这将会在默克尔的政治生涯中留下浓墨重彩的一笔。

至此，这场"官民"之战以默克尔"失败"告终。可谁又能否认，她的失败是很有价值的呢？赢得民心对于政客而言是胜于一切的。

"棱镜门" 带来的两难境地

2013 年 6 月 5 日，英国《卫报》一则披露"棱镜计划"的报道，像一颗重磅炸弹在世界范围内掀起轩然大波。

随着报道的不断披露，人们终于知道，自己生活在一个"楚门的世界"里，美国政府以反恐为名，实施代号"棱镜"的秘密监视项目，在世界范围内大规模地监视人们的电话通讯和网络信息。

美国政府的"棱镜计划"让全世界感到愤怒，人们纷纷谴责奥巴马政府的无良行径，要求美国政府停止监听，归还自己的隐私和尊严。德国民众也积极参与抗议活动，抗议监听行动。而奥巴马在 6 月 19 日访问德国时声称，德国是美国的伙伴，绝对不会被监听，且监听的目的是为了拯救生命，打击恐怖活动。

此时，默克尔也与奥巴马立场一致，认为"棱镜计划"有着重要的反恐作用，希望德国民众保持冷静。

就在默克尔安抚国内小部分激烈抗议的民众之时，德国《明镜报》从美国中央情报局前雇员斯诺登手中拿到了一份绝密情报：德国是美国在欧洲主要的窃听国家之一，每月德国被窃听的数据高达 5 亿次。

消息一出，原本已经渐渐平稳的德国舆论瞬间爆炸，有了切肤之痛的民众愤怒地走上街头进行抗议，同时要求默克尔替民众做主，做出反击动作。

形势将默克尔推向了风口浪尖，作为政府代表的她此时也是左右为难：一方面，德国经济与美国经济有众多彼此依赖的地方，她希望与美国政府保持良好关系；另一方面，联邦议会大选在即，如果视民众愤怒情绪于不顾，反对党会抓住机会大肆攻击，给大选带来不确定因素。

默克尔的左右为难，主要表现在她模棱两可的态度上：她不停地向民众表示，她理解民众的愤怒，并且与德国人民站在一起，反复声称德国绝对不是一个被监听的国家，她会维护德国人民的利益与安全；同时，继续认为美国的监听计划有一定的反恐作用，而且在德国的监听范围是严格遵守德国法律的。

这样的处理方式，非但没有使德国民众的愤怒之气逐渐消陨，反倒愈演愈烈。默克尔这种不够坚决的做法，也让德国媒体难以接受，认为她表现得太过软弱，不敢得罪美国。反对党也大肆攻击，认为默克尔像一只懦弱的绵羊，根本没有勇气和奥巴马对抗。

与此同时，美国政府只是轻描淡写地表示监听是为了反恐安全。其不甚在意的态度，让德国民众憋了一肚子火。

尽管默克尔对于监听丑闻的表态不痛不痒，模棱两可，可她依靠出色的经济政策，依然获得了大选的胜利。在此期间，她也曾多次表示反对，不过都显得苍白无力。

就在人们满腔愤怒无处发泄时，10月23日，《明镜报》透露总理默克尔的私人手机可能也被美国监听。这一刻，愤怒的人们就像在高压锅里找到了透气孔一样，强大的民意气流喷向美国。

这次，默克尔没有了之前的暧昧不清，无论怎样的反恐监听，她都没有理由成为被监听的对象。同时，她作为一国之总理，代表着德国的国格，怎能容忍被人监听？这简直是唾面般的耻辱。

默克尔与德国民众一道，顺便拉上欧盟其他国家，向美国政府发难。10月25日，默克尔与奥巴马直接通话，表示了内心的愤怒：德国把美国当作朋友，在国际事务上甚至以美国为"大哥"，难道换来的就是如此不信任的监听吗？

这是默克尔上任以来，首次向美国表示如此强烈且直接的不满。在愤怒质问的电话那一头，奥巴马也感到脸上挂不住，没想到默克尔会如此直截了当，只好讪讪地说：我们现在不会监听德国，以后也不会监听。言下之意，就是默克尔以前的确被监听了。后来也有消息证明，默克尔至少被美国监听超过 10 年，尤其是 2005 年成为总理候选人以后，更成为重点监听的对象。

10 年！这简直让人难以置信。别说是一国领导人被监听，这涉及到国际问题，就算是普通人被监听 10 年，也是侵犯了人身权益。

默克尔带头出声反对"大哥"之后，欧盟其他国家也紧跟其后，元首们纷纷直接给奥巴马打电话抱怨，一致要求美国给出解释，法国也与德国站在一边对抗美国。

一时间，美国与整个欧盟的关系跌到谷底，奥巴马政府与默克尔政府之间的信任荡然无存，美国陷入监听丑闻的泥淖之中。

奥巴马政府在如此四面楚歌之境地，也开始左右抵挡。为了瓦解以默克尔为首的欧盟谴责大军，美国开始攻击默克尔的经济政策，说她以出口为主的经济政策给其他欧盟国家带来了巨大的伤害。只是，奥巴马企图分散欧盟反击的措施显然没有成功，因为在很长一段时间内，欧盟各国依然跟在"一姐"默克尔身后，持续向美国施压。

倒是奥巴马的策略激怒了默克尔，默克尔心里肯定觉得美国也太看轻自己了。其实，从"棱镜门"事件爆发之后，默克尔一直站在奥巴马一边，尽力安抚国内情绪，希望大事化小，小事化了。毕竟，那时默克尔认为监听是各国政府都普遍存在的情况，大家心知肚明，在东德成长起来的她更觉得见怪不怪。

直到被爆出自己的手机也被监听之后，她才真正愤怒了，但奥巴马竟然没有道歉，还采取分化欧盟的措施，这实在不可忍受。

理智的默克尔很少发火，一旦发起火来却很恐怖。11 月 18 日，默克尔开始反击，首次将监听门这一政治丑闻与经济挂钩，她声称，美国的监听行为让欧盟感到失望，彼此之间的信任已经消亡殆尽，将会影响到即将签署的《美国——欧盟自由贸易协定》。默克尔在欧盟国家中有着举足轻重的话语权，此言一出，即将签署的自贸协定只能搁置。

11 月 21 日，默克尔在 2013 年的"经济领导人"高峰论坛上，再次对奥巴马政府攻击德国搞出口政策进行驳斥，她认为，欧盟不应只着眼于欧洲，应该看到世界，同时表示德国在欧盟的出口比重并不是很高，而且给其他欧盟国家带去了经济利益和服务。言下之意就是，大家不要受美国政府言论蛊惑，还是要相互支持，一同向奥巴马政府讨个说法。

事实上，德美关系一直以来都比较敏感，德美的亲近之路也走得并不顺畅。直到 2005 年，美国总统小布什访问德国，两国的关系才开始回暖。同年，默克尔当选德国总理，才开始重新建立两国的友好合作关系。

默克尔从政以来，始终坚持的是"大西洋主义"，这是德国政界人尽皆知的事。默克尔经常在公开场合表达对美国民主政治制度的欣赏，当施罗德不顾与美国的关系公然反对美伊战争时，她甚至还用激烈的言辞对其表示谴责。

2006 年，在不到半年的时间里，默克尔到美国出访了两次，希望能缓和与美国紧张的关系。

默克尔任德国总理后，对美国的外交政策最重要的变化是——合作伙伴关系变得有主动性和选择性。也就是说，假如两国对于某一个问题或政策的看法是相同的，那便可以开展更进一步的合作关系，但如果就某个政策存有异议和争执的话，就可以在各自保持独立看法的前提下寻找一致。

2009 年，奥巴马当选美国总统，他希望能弥补被前总统小布什落下的跨大西洋伙伴关系。当选总统半年的时间里，奥巴马到包括德国在内的欧洲国家访问了两次，受到德国等欧洲国家的热烈欢迎。2009 年起，默克尔在第二个任职期内，带领联盟党与自民党将德美关系推上了一个新的高度。

奥巴马的对外政策中，最为重要的一个目标就是结束阿富汗战争，因此他特别希望能够得到德国等伙伴的声援。为了维护与美国的良好伙伴关系，德国向美国伸出援手，派兵支援美国对阿富汗的战争。

2011 年，默克尔还宣布，德国会派兵参与在阿富汗的预警行动。虽说这并不是德国民众希望看到的，但德国的执政党——联盟党和自民党都对这次行动表示拥护。之后，默克尔访美，奥巴马对德国派兵参与阿富汗行动和安全工作表达了非常诚挚的感谢。

与此同时，利比亚问题也是广受关注的国际事件。2011 年 3 月，联合国安理会对制裁利比亚问题进行表决。联合国规定，15 个安理会成员国中有 9 个投赞成票，同时得到 5 个常任理事国的全票同意，一项决策就能够得以通过。然而，在利比亚问题的表决中，德国等 3 个非常任理事国放弃了投票权利。

最为支持武力打压利比亚的是英国和法国，美国认为，只有西方国家团结一致，才能对卡扎菲产生威慑力，加上自己身上还背着"霸主"的包袱，便同英法一起支持制裁利比亚。

德国的这种态度让美国非常意外，因为德国这是公然地站在西方大国的对立面。虽说之前德国也曾反对美国攻打伊拉克，但至少还有法国等站在同一阵营，而如今德国没有和任何一个西方国家站在同一立场，这让美国非常生气，对"跨大西洋伙伴关系"的说法产生了强烈的质疑。

回到德国国内，反对默克尔这种做法的声音此起彼伏，很多人批评说，她的这个决定可能会葬送掉德国在联合国的前途，因为这是德国统一以来最差的一个外交政策。

不过，默克尔认为，自己的这个决定并不是一时冲动，而是深思熟虑的结果。第一，利比亚国内的局势并不明朗，在还没有搞清楚状况的情况下就发动战争，可能带来更坏的结果；第二，联合国对于国际安全的规定不够明确，对利比亚发动战争是否正确还有待商榷；第三，利比亚局势的发展并不会直接影响德国国内的形势。

当然，虽然默克尔坚持她的判断，但还是受到国内国际的各种压力，她只好寻找各种机会改善与盟友和其他国家的关系。此外，她还曾经承诺援助美国参加利比亚动乱后的重建工作，奥巴马接受了默克尔这一示好，并称德国与美国会成为彼此最信任的盟友之一。

遗憾的是，"棱镜门"一出，不知是否会将德美多年来的努力付之一炬，是否会令两国的关系降至冰点。这一切，还是未知数。

低胸礼服

2008年4月12日，挪威的奥斯陆国家歌剧院举办了揭幕典礼，默克尔应邀出席。这次，默克尔可谓赚足了众人的目光，原因就在于她当晚的着装——一件深蓝色的低胸晚礼服，胸前一片旖旎风光，这身异常大胆的着装让人们大为惊叹默克尔的"好身材"。各大媒体自然也不会错失如此天赐良机，举起闪光灯纷纷拍摄下了这大好风景。

奥斯陆国家歌剧院全部由白色大理石建成，总耗资超过 8 亿美元，被称为是"一个新的宏伟的标志性建筑"。奥斯陆国家歌剧院的起用仪式，由挪威国王哈拉尔五世主持，他宣布奥斯陆国家歌剧院正式起用。

它的启用，似乎是圆了挪威的音乐爱好者们百年来的一个梦。整个落成表演包含芭蕾舞和歌剧表演，共历时两个半小时。上千名欧洲皇室以及政府要员受邀参加了典礼，包括芬兰总统塔丽亚·哈罗宁、挪威王后索妮亚、丹麦女王玛格里特二世、瑞典女皇储维多利亚、冰岛总统奥拉威尔·拉格纳·格利姆松等。

默克尔自幼喜欢古典音乐。她在出席起用典礼时，与当时的挪威首相斯托尔滕贝格相邻而坐，并不时地与之交谈，似乎兴致很高的样子。事后，她回忆与斯托尔滕贝格的交谈内容说，"我向首相对新歌剧院的建成表示了祝贺"，并称奥斯陆国家歌剧院是欧洲建筑史上的一个亮点。

默克尔没觉得有什么不妥，各国媒体可不这么想，他们忖度的是：一直严肃古板的默克尔为什么突然这么开放？这让他们难以理解，继而纷纷大肆报道默克尔的"出格"行为，英国更有媒体称默克尔的衣着是"大规模分散注意力武器"。

幸好，斯托尔滕贝格一直颇具绅士风度的与默克尔保持了眼神上的接触，并未被她的"好身材"所吸引，展现了十分有度的外交风范，让人们不禁对他竖起了大拇指。

面对着外界的风起云涌，默克尔却显得很低调。在典礼结束后回国的电视采访中，她恢复了以往严谨保守的本色，身着一件宽松黑色上衣和红色套服坦然地说："如果德国总理是一位男性，那么我相信在任何情况下，人们都不会存在这样的疑问。"

女性在出席社交场合时进行适当的装扮，展现身为女性的魅力和气质，是对组织者的尊重，也是符合礼仪标准的——虽然默克尔距离气质高雅和女性魅力还有一段路程，但不可否认，这已经是她形象工程上的一大进步。

默克尔一直以铁腕、严谨、保守而著称，她的形象似乎也跟她的性格相得益彰。德国媒体曾这样讽刺默克尔的发型："（她的）蘑菇头简直太恐怖了，不仅脖子的周围没有头发，刘海就像被齐根儿剪光了！"她的政敌也指责她跟不上时代，"像足不出户的农妇"。但是细心的人们不难发现，如今的默克尔，不仅变得更加干练利落，甚至变得更有品位，也让人觉得和蔼可亲了不少。

为何默克尔会有如此大的变化？

为默克尔设计新发型的，是德国最著名的发型设计师乌多·瓦尔兹，他身为德国总理的御用发型师，对于时尚一直都有自己独特的理解。对默克尔的发型，瓦尔兹曾大笑着说："过去的她不是女性的好榜样，因为她的发型 20 年都没变过，而且她没想过要改变。"

默克尔并不太在意外形，甚至说不会为了政治而改变容貌，但她的这份"执着"却并没有给她带来好结果——在 2002 年的总理候选人争夺战中，默克尔惨遭失败。对此，瓦尔兹遗憾地说："她要是早点儿听我的建议，换一个发型，或许早就竞选成功了。"

默克尔在那次选举中输给了党内对手，可能与她的形象太过古板脱不了干系。不仅仅是发型，她当选为总理后，便雇用了专业形象顾问和美容师，试图让自己从头到脚都焕然一新。

默克尔仍处于蜕变中，现在的她在出席一些公开活动时会衣着精致。她的晚礼服、她的披肩常常会让人觉得和蔼可亲。

形象就是这么直接的东西，它比语言更直观，大众更容易接受他们眼中所见到的。因此，公众人物出现在媒体面前时，他们的衣着、行为举止、表情、说话的语气都会很关键，这些是他们吸引大众眼球最便捷的途径。

默克尔作为连续数年荣登美国《福布斯》杂志"百强女性"榜首的女性领导人，屡次被人误解，甚至成为了炒作的话题。

2009 年德国国会大选将近之时，各党派正在紧张铺设，为大选做着最后冲刺。利用宣传海报宣扬自己的同时也可以用来攻击对手，默克尔此时不幸"中枪"，成为其他议员竞选时炒作的道具。

一幅默克尔身着礼服袒胸露乳的照片赫然出现在了选区的宣传海报上。这一事件的真实情况是：与默克尔同党的德国基督教民主联盟成员伦斯菲尔德在参与竞选时，将总理默克尔身穿低胸晚装照和她本人袒胸露乳的照片印制在了海报上，并配有一行"我们能给的更多"的标语，这不禁惹人遐想。

默克尔的"整形"之路并不顺利，她在改善自己外在形象的过程中，屡次遭到人们恶搞。2007 年 6 月，华沙著名的右翼周刊《Wprost》在某一期的封面上刊登了一幅默克尔的照片，一名年轻的裸体模特的身体上却嫁接了默克尔的头。而在她的身体两旁，分别是波兰前总统和总理——卡钦斯基兄弟，就像两个嗷嗷待哺的幼儿。

波兰是欧盟内部财政均衡政策最大的受益国，而德国给予了波兰大量的物资补助。这幅照片，正是讽刺了德国与波兰两国的关系，杂志封面上称默克尔为"欧洲的后妈"。

有这样一句话，叫"战争，让女人走开"。其实，不仅仅是战争试图让女人走开，让女人选择远离的还有政治。

政治游戏排斥女性性别的观点，女人参政通过中性表现而向男权妥协的现实，都是对男女平等价值的伤害。虽然这种赤裸裸的男尊女卑规则在大多数国家的法律史上正成为过去，但某种带有偏见的价值体系还没能完全成为历史。

为什么施瓦辛格在竞选州长时可以炫耀自己作为男人的强壮和健硕，而希拉里则需要用中性的职业套装，遮起自己的女性特征？一个国家的女政治人如何着装，早已不仅仅是时尚杂志才会讨论的话题。如今的政治人物，也逃不开被娱乐解读的命运。

11

一波多折的情路

从"卡斯纳"到"默克尔"

默克尔原名叫安格拉·多罗特娅·卡斯纳,她从政以后,陪伴她风风雨雨近30年的"第一先生",全名是约阿希姆·绍尔。如此看来,默克尔的姓氏从何而来?

其实,早在默克尔上大学期间,就有过一段婚姻。她从第一任丈夫——乌尔里希·默克尔那里,继承了"默克尔"这个姓氏。

关于默克尔的第一次婚姻,并没有太多可以叙述的东西。安格拉·卡斯纳与乌尔里希·默克尔,与世界上绝大多数婚姻失败的夫妻一样,在热恋时被爱情迷住了双眼,跟风式地走进了婚姻的殿堂,直到激情冷却之后才发现,他们只是在正确的时间遇见了错误的人，于是好聚好散。

1974 年，也就是默克尔来到莱比锡大学的第二年，她认识了比自己大 1 岁的乌尔里希·默克尔。乌尔里希同样是物理系的学生，与她同级，在平行班级，来自弗戈兰，是工厂主的儿子。他的出身虽然看起来比默克尔好一些，但也并不是正宗的工人阶级。

同命相连。这也许正是两个人相互吸引的最主要的原因之一。默克尔所在的物理系大多数都是男生，想必她再也不可能像中学那样默默站在人群后，充当背景墙。

大学时代总是伴随着各种难以料想的激情四射，年轻的默克尔与乌尔里希在熟识之后，很快擦出了爱情的火花。要知道，这可是她的第一次恋爱——中学时代，默克尔属于"没被亲吻过的一族"。后来默克尔自己也承认，在感情方面相比同龄人，她是较晚熟的。

恋爱中的默克尔与乌尔里希，像所有情侣一样，享受浪漫的爱情，甚至会终日泡在爱情蜜罐里。在欧洲著名大学之间的物理系学生交流项目中，他们还一起去了莫斯科和列宁格勒。默克尔和乌尔里希充分享受着爱情的甜蜜，他们一起参加聚会，一起去物理系每星期举行两次的迪斯科舞会上跳舞，每次都玩到体力耗尽时才肯离开，甚至直到第二天上课时还感觉昏昏沉沉的。

他们在闲暇时间到处旅行，虽然可去的地方不多，可就算逛马路，只要两人在一起，就比什么都重要。两人都很喜欢在户外行走，尤其偏爱乡下的田园风光。周末，两人则携手参加系里组织的舞会或是去看电影、歌剧，享受二人世界。

两个人有很多相同的兴趣爱好，这也是他俩能在一起的原因。同学、朋友的聚会，也是周末常有的放松方式。他们还经常把对方带到自己的家庭聚会中，认识并经常探望双方父母，这让两人的感情越来越稳定了。

在同学、亲友眼中，默克尔和乌尔里希是一对幸福的热恋情侣。默克尔在大学里的好朋友依然记得那天收到的小卡片，上面写着：我们要结婚了。在 1977 年 9 月 3 日那一天，只想通知一下最亲爱的你们。

是的，默克尔在她大学毕业的前一年就结婚了，嫁给了给予她"默克尔"姓氏的那个男人。

婚礼的前一晚，默克尔先举行了一场庆贺活动，邀请了双方的至亲和各自的好朋友，总共也才二三十人。他们在莱比锡大学的同学洪池和莱因哈德·伍尔夫特也参加了那场庆祝活动。后来洪池回忆，那晚大家都带了很多用旧的碗和盘子，希望可以在现场砸碎，制造出狂欢节的氛围。不过，他们的狂欢行动显然没能实施，因为在瓦尔德霍夫的森林里，任大家怎么摔，都难以发出声响。

婚礼当天则更是简单。默克尔是一名基督教新教徒——毕竟她的父亲是基督教的牧师，婚礼理所当然在教堂举行。虽然乌尔里希不太愿意去教堂，但在默克尔的坚持下，他们最终还是去了她家乡滕普林的一间小教堂。默克尔一直喜爱素雅的蓝色，婚礼上她穿了件蓝色婚纱。按照新教徒的结婚宗教仪式，他们按部就班地走完了所有程序。此后，她随了丈夫乌尔里希的姓氏。

结婚时的默克尔只有 23 岁，大学也尚未毕业，但周围的亲友、同学并没有觉得奇怪，因为当时东德人普遍都比西德人结婚早。受大环境的影响，默克尔那么早结婚也算是符合潮流了。

其实还远不止这个原因，东德的大学生就业政策也是主要的原因之一。那时候的东德规定：大学毕业生 3 年内有义务服从组织的安排，到祖国需要的地方去，而结婚后则可以两人在一起工作，并且分配一间房屋。这意味着，默克尔与乌尔里希不结婚的话，毕业很可能不在一起工作，这不是这对当时处于热恋期的情侣愿意看到的结局。

在当时就业、工作压力大的情况下，为了稳定安家，这种规避的方法不失为一条大家都易于选择的路。按照政策，默克尔和乌尔里希分到一间简陋的房间，卫生间还要和其他房间的人共用，但相比之下已经不错了——其他没结婚的同学只能住在四人宿舍里。

毕业后，默克尔夫妇搬到了柏林市中心玛丽恩大街，依然是一套简陋的房屋，但至少不用和别人共用卫生间了。在这里，他们的房租是 20 东马克，生活靠的是每人每月 190 东马克的奖学金，日子虽然清苦，好在充实。

房子距离柏林墙不远，默克尔每天都要沿着柏林墙走到毕业后工作的场所——柏林科学院，乌尔里希也把自己的工作从洪堡大学调到了柏林科学院，默克尔在物理所，乌尔里希在光学所。

刚到科学院物理所工作的日子并不好受，默克尔没有朋友。为了结识更多同道中人，她参加了物理所的自由德国青年团，担任起文化方面的委员。物理所的青年团活动可不仅仅是读书、看戏剧之类，还会组织去旅行。相对于默克尔在外组织活动，攻读博士学位，乌尔里希则更喜欢待在家里，修理旧房子、做家务等。就这样，两个人一起活动的时间越来越少。他们不知，这一时期两人共同埋下了离婚的种子。

后来，乌尔里希甚至不再与默克尔一起参加物理所的旅行，陌生与隔阂在两人之间渐渐出现。

4 年后，即 1981 年，默克尔的婚姻破裂了。这件事看似发生得很突然，乌尔里希甚至感觉有一点儿意外："有一天，她突然收拾起她的东西就搬出去了，也没跟别人商量就自己做出了决定，但是最后我们还是和平地分了手。经济上，我们两人都是独立的，也没有多少东西可以分，她拿走了洗衣机，我拿家具，其中有几件至今还保留着。"可实际上，如果两人之间的关系真的是亲密无间、相敬如宾的话，默克尔当然没有理由轻易为自己人生中的第一桩婚姻宣判死刑。

默克尔和乌尔里希正式离婚是在 1982 年，他们没有孩子。虽然离婚在以无神论为主导的民主德国比较容易被接受，但滕普林的牧师家庭显然对他们的大女儿如此"轻率"地结束自己的婚姻感到难以接受。后来，默克尔也对自己那次失败的婚姻做了反思，她说："事实上，我们之间并不合适，我们之所以结婚，是因为大家都结婚了。这在今天听起来很愚蠢，但当时我确实没有以必需的认真来对待这件事。4 年后我们分了手，是我搞错了。"

默克尔并不讳言住房和工作问题也是两人当初仓促决定结婚的原因之一。"民主德国的早婚和住房紧张有关，已婚的人可以得到一些优惠政策，而且只有结了婚，两个人才有可能在同一个地方找到工作。"默克尔直率地说："我的前夫和我当然是相爱的，在恋爱的时候，我们也曾规划过共同的前程。但在民主德国就是这样，只有结了婚才有共同的住房和工作。这些事掩盖了很多问题，促使我们草率地做出了决定，这就是我现在看起来对自己的第一次婚姻无动于衷的原因。现在想来，我们当时真的不应该那么快结婚，而是应该再等一等。"

在默克尔眼中，第一次婚姻并非无足轻重，但也不见得多么难忘。不过，现已再婚并有了一个儿子的物理学家乌尔里希·默克尔，却始终对自己的第一任妻子评价积极："在那些共同相处的岁月里，我们时常一起旅行，我们两人都热爱大自然。我们还一起参加朋友聚会，一起去看电影、看话剧。我们俩都很重视和家庭的联系，所以常去看望双方的父母。毫无疑问那是一段美好的回忆。"

在这位德国现任女总理的一生中，乌尔里希就像一个匆匆的过客，他们曾真诚地相爱，但却在错误的时间仓促地选择了跟风式的婚姻，于是这次婚姻有了一个平淡如水的失败的结局。

现在看来，除了"默克尔"这个姓氏之外，乌尔里希并没有在默克尔的人生中留下更深的烙印。

精神导师与灵魂伴侣

默克尔至今仍然保留着一张 1986 年的老照片，照片是为了纪念她自己获得博士学位而拍摄的。

照片中，默克尔坐在中间，挨着桌子，左右两侧分别是当时与她关系密切的两个男人——左边是科学院的同事辛德赫尔姆，右边的则是后来成为其第二任丈夫的化学家——约阿希姆·绍尔博士。

约阿希姆·绍尔博士如今伴随着默克尔的成功，也逐渐为世人所熟知。低调的约阿希姆·绍尔，在默克尔写博士论文期间与其相识相恋，陪伴她走过了之后几十年的人生。

默克尔的博士学位论文，引起了人们的热烈讨论。相对于专业性很强的博士论文，德国大众显然对默克尔写过的关于马克思主义的文字更感兴趣，因为按照东德的规定，想要获取博士学位，就必须写一篇关于马克思主义的论文。现如今，外界也都想知道，现在坚定选择自由市场经济道路的默克尔是怎样描述马克思主义理论的。

默克尔后来也经常在新闻发布会上被问及这一问题，她最终透露，这篇文章的题目是《什么是社会主义生活》。默克尔还说，她曾经因为这篇文章受到组织批评，因为在描述社会主义生活的过程中，她没有过多描述统治阶级——工人阶级的社会主义生活，而是因为自己的乡村情节，把重心放在了农民阶级的社会主义生活上了。

人们疯狂地想找到这篇文章，尤其是默克尔的反对者，想从中找出一些漏洞。可惜，这篇文章依然在科学院的档案馆内，禁止查阅。人们希望默克尔自己能发表当初的这篇文章，可她表示自己并没有底稿，如果有底稿的话早就发表了。

在默克尔看来，也没什么可隐瞒的，为了打消人们的猜忌，她甚至还描述了写这篇文章时的情形：在当时设备落后的情况下，默克尔只能在破旧的老式打字机上，辛苦地打出了一份，之后上交科学院，由于打字机破旧到垫一张蓝色的复写纸都会粘在一起，所以没有留下底稿。

物理学的博士论文显然是普通人不容易懂的类型，要写这样一篇论文并不容易。默克尔得参加大量新项目的设计及研究工作，但她用于攻读博士的时间并不多。这也是后来默克尔解释她攻读博士前后花费 8 年时间的原因。

科研设备的落后，也是导致花费大量时间的原因之一。当时，受制于美国等西方国家的经济制裁，尤其是计算机领域的制裁，默克尔在做博士论文时期，缺少高效的数据计算分析设备。科学院老旧的仿 IBM 生产的计算机，落后同时代的西方国家十多年。一个数据要等好多天才能出来，默克尔不得不自己参与部分的数学计算，这是相当枯燥乏味的。为了及早写出论文，不能一直等数据，她还得不停地在关键点处做假设，假设几天后出来的数据的确如她所推测。

在种种困难下，默克尔还是出色地完成了自己的博士论文。在论文的最后，默克尔感谢几位博士参与了指导、讨论工作。其中就有约阿希姆·绍尔博士，文中感谢了他提出的一个关键的漏洞。

论文答辩会由科学院的科学家们自愿出席，谁都可以去，谁都可以提问。答辩会很顺利，默克尔获得了她的博士学位。答辩会后有个小型的庆祝酒会，不少默克尔在科学院的朋友参加了庆祝会，还有几个大学时期的朋友专程从莱比锡赶来，为了纪念这一值得庆贺的日子，默克尔拍下了珍贵的合影。

要追溯默克尔与绍尔的爱情起源，其实早在默克尔还与第一任丈夫在一起的时候，两人就已相识。当年，默克尔在东德科学院工作，同时攻读博士学位，而绍尔已经获得了博士学位，并担任默克尔的论文指导老师。当时，艰苦的生活以及自己与丈夫之间貌合神离的婚姻，都令默克尔心力交瘁，绍尔的出现如一股清泉一般，给她的生活带来了快乐与笑声。

年轻的绍尔肯定是比较帅气的，从现在的照片依稀可见当年风采，而且相对于默克尔来说，他学识渊博，难免日久生情，年轻的默克尔自然早已是芳心暗许了。

绍尔当时也有家庭，还有两个孩子，但与默克尔耳鬓厮磨多日后，也不可自拔地爱上了这个别样的女人。

在默克尔踏入政坛之后，绍尔依然继续着自己的科研之路。至于两人之间的感情，也越来越稳定，由于都有过一次失败的婚姻，彼此对婚姻都抱有慎重的态度。双方也一直没有正式结婚，一直到默克尔 1998 年当选为基民盟副主席，绍尔才和默克尔正式结婚，原因还是为了让默克尔免受攻击。

要知道，默克尔所在的基督教民主联盟党与教会的关系是相当密切的，就连她本人也是牧师的女儿，自然会有很多人看不惯她这种做法。1993 年，大主教约阿希姆·迈斯内就曾对《图片报》说："据说现任政府里有一位当部长的基督徒还过着未婚同居生活。"为此，默克尔还专程去拜见科隆大主教解释说："我之所以对结婚这件事持谨慎的态度，是因为我已经经历过一次失败的婚姻了。"

1998 年，默克尔升任基民盟副主席，有人再次对她的身份以及她与绍尔的未婚同居提出质疑。据说，当时的议会党团主席朔伊布勒劝过默克尔结婚，在这种情况下，她终于结束了与绍尔长达十几年的同居生活，正式结婚。

1999 年 1 月 2 日，《法兰克福汇报》在一个平常很少有人会注意到的只占据了 20 平方厘米的小广告里，刊登出这样一则消息：我们结婚了。安格拉·默克尔，约阿希姆·绍尔，柏林，1998 年 12 月。

事前知道此次婚礼的就只有默克尔的几个朋友，据报道，连他们的父母都是之后才收到他们结婚的消息的。默克尔对婚姻一直很慎重，她认为只有两个人一起面对过困难，才有可能将结婚纳入考虑范围。默克尔和绍尔的婚后生活一直很幸福，两个人非常合拍。

此后，默克尔一路高升，绍尔也不得不面对公众。只是多年的科研经历让他和默克尔一样，有着理性的思维和严谨的做事态度，外在的表现就是在公共场合不苟言笑，与默克尔差不多，可谓"不是一家人，不进一家门"。

神秘的"第一先生"

成功的男人背后，都有一个默默支持她的女人。反过来说，其实一个成功的女人背后，又何尝不站着一个默默支持她的男人呢？

在人们的印象中，夫妻两人一般只有一个会取得比较高的成就，另一个为了辅佐较为成功的一半，通常都会牺牲自己的事业。

然而，默克尔与绍尔两人完全打破了这套陈规旧俗。默克尔自然不用说，政治成绩辉煌；绍尔于所在的量子化学领域，同样是世界顶尖的学者之一。两人不仅事业有成，且感情笃定，一起走过了风风雨雨的几十年。

随着默克尔政治生涯的逐渐光耀，绍尔也走进公众的视野。

他俩之间的爱情，不是常见的爱情类型，既不是张爱玲所描述的"男人因同情而爱，女人因崇拜而爱"的东方爱情模式，也和政坛女强人撒切尔夫人的爱情不同——撒切尔先生为其夫人默默奉献了一生。

绍尔和默克尔之间的爱情，没有藤蔓和大树，没有谁依附着谁，更像是两棵独自生长的橡树，各自扎根在自己的事业土壤里，却又在空中相互支持和依附。

默克尔和丈夫尚未结婚前，就一起住在市中心贝加蒙博物馆对面的公寓里，在当选德国总理之后，默克尔也一直住在这里，没有搬进总理府——这也正体现了默克尔亲民的特点——当然，现在那里是有保卫人员的。

默克尔在外是德国总理，永远是人群中的聚焦点，可回到家中，她会摇身一变，系上围裙，成为居家好女人。有一段时间，默克尔每天早早起床，然后出去晨练，后来发现时间不够，最终取消了晨练计划。

默克尔每天都会在丈夫绍尔起床洗漱之前将早餐准备好，她常做的早餐是血肠和肝泥香肠，绍尔饱餐之后，再喝上一杯默克尔调制的土耳其咖啡，就可以精神饱满地出去工作了。吃完早餐后，默克尔一般会走路去上班，毕竟也只有两公里不到的距离，顺便还可以锻炼一下，偶尔时间来不及也会骑车。

约阿希姆·绍尔，1949 年出生于萨克森州，后进入洪堡大学就读，取得化学硕士学位之后于该大学从事科研工作，先后获得博士学位、教授资格。绍尔与默克尔一样，曾经结过一次婚，前妻是他的同学，婚后两人育有两个孩子，1985 年绍尔与前妻离异。

1986 年，默克尔在完成自己的博士论文时，得到了绍尔的许多帮助。1989 年，当东柏林举行集会时，绍尔曾与默克尔共进晚餐；次年，绍尔前往美国加利福尼亚的一家化工公司担任职务，默克尔也曾去探望过他。

绍尔具备非常出众的科研、分析、演说才能，他是理论化学研究领域的专家，负责过许多专业科研项目，对物理、化学的专业领域比如量子力学、量子化学等的研究都非常出众。据德国理论化学家莱因哈特·阿尔瑞希斯说，世界上最顶尖的前 30 位理论化学家排行榜中，绝对有绍尔的一席之地。不仅如此，绍尔还曾凭借自己出色的演说能力，成功为洪堡大学拿到 450 万马克的科研经费。1994 年，德国科学研究会计算机委员会将他收入囊中。

绍尔是一个实际意义上的科学工作者，但若说他对政治不了解，那也是片面的看法。作为出色的科学家，深刻的洞察力、分析力都是必须的能力，他对默克尔的政治成就起到的作用远远比外界想象的大。默克尔自己也承认了这一点。

绍尔在声音上有着非常严重的"洁癖"，他不能忍受任何噪音。家人在家中行走时，必须穿上厚毛织袜以避免发出过大的声音。一次，一个团体准备在他住所的社区广场举办活动，他们提前贴出了可能会扰民的提示传单，上面还附上了该活动可能会达到的分贝值。

举行活动的当天晚上，绍尔特地用分贝测量仪检测了该活动的音量，他发现该活动超过了他们贴出的分贝值，于是拿着证据前往中心环保局抗议该团体扰民。尽管超过的音量很小，但最终该团体受到了警告处罚。

作为化学领域的专家，绍尔总是有忙不完的实验和科研工作，但也得益于此，他不需要像别的教授那样时不时举办晚宴，也同样不需要一个能有时间、精力主持晚宴的妻子。两个人各自做各自的工作，相互独立，互相尊重。

随着默克尔 2005 年成为德国总理，跃升为"第一先生"的绍尔同样受到了前所未有的关注。只是，低调的绍尔尽量减少在公众场合露面的次数，但无奈于夫人的工作，不时还是得抛头露面。出现在镁光灯下的次数一多，德国媒体开始了对第一先生的评头论足。绅士般的绍尔，还是让吹毛求疵的德国媒体找到炮轰点：着装太过单一、表情太过严肃、没有幽默感。

戏剧化的是，绍尔本人没有理会非议，反倒是夫人默克尔如条件反射般地出来驳斥，她说自己的丈夫其实私底下是个非常风趣的人，根本不是外界印象中的木头人。这真是伉俪情深啊，在默克尔心中，最重要的不是自己，而是绍尔。

绍尔也的确不负默克尔的一番深情，不仅在少有的公开发言中力挺默克尔，而且在两人难得的旅行中，也帮默克尔拎着大包小包、开车门等，处处显示出他对妻子的细微照顾。

在两人钟爱的意大利南部小岛旅行中，绍尔更是和默克尔穿起了情侣装，漫步于明媚的阳光下，挽手并肩在海风拂面的临海小镇上，不时说笑，浓浓爱意羡煞旁人。与默克尔在一起的绍尔，没有了往常的拘谨和严肃。可见，绍尔私底下的确是个有情趣的儒雅学者，只不过面对镜头陌生罢了。人们总是苛求他像个唇枪舌剑的政客，这实在不是聪明人的作为。

当然，为了应付花边小报的无聊狗仔，绍尔也不得不联合他在大学里的同事和学生，大家一致对外表示，关于绍尔的工作情况一律是无可奉告。

人们除了能在政治场合看到绍尔以外，最多也就是科研期刊上的文章或者访问了。从学生们的只言片语中可以知道，绍尔在学术上是个极为严格的教授，在课堂上也是纪律严明：不许带食物进入教室、不许陌生人进入课堂。

不管默克尔拥有多高的成就，就算她成功当选德国总理，绍尔也仍然保持着自己的独立性。每当听到"默克尔丈夫"这种带着调笑性质的称呼时，绍尔总会表现出强烈的愤怒。

两个人对隐私特别看重——默克尔从不允许摄影机或者照相

机进入她的家门，绍尔也同样决不允许记者进入他的课堂——因此德国民众很少见到他们的总理和第一先生在一起的场面。就连默克尔 2005 年竞选总理成功时，绍尔也没有前往基民盟，只是在自己的实验室里静静地观看直播。

或许，有人会以此为话柄，说绍尔并不是真正地关心妻子，可默克尔认为，自己的丈夫在用他的方式来为自己祝贺。

默克尔自当选总理以来，工作总是特别繁忙，但她仍然会在周末或假期亲自下厨为家人准备晚餐，有时还会自己烤制点心。每当记者采访她提到这个话题时，她总是显得特别高兴。毋庸置疑，记者们不经意的问题，会让默克尔在民众心中的亲切指数迅速攀升。

事实上，外界过多地将注意力放在绍尔"第一先生"的身份上，对绍尔来说是很不公平的，要知道他还是世界顶级的物理化学家，而他在科研方面的才华被媒体忽视了。

绍尔的科研事业才是他能和默克尔长久感情稳定的重要原因，试问一个完全没有自己个性的男人，像一座随时会被风吹走的沙雕，能留在默克尔心中吗？

所谓爱人必先自爱，绍尔知道，自己的科研事业才是令默克尔真正着迷的地方。什么样的男人最有魅力？答案是认真的男人——正如绍尔一样。

不为人知的温馨生活

都说女人要想抓住男人的心，就得先抓住男人的胃，毋庸置疑，饮食习惯在很大程度上会让一个人对另一个人产生强烈的心理依赖。默克尔和丈夫绍尔风风雨雨几十年，一路走来颇为平稳，这其中一个关键点，就在于默克尔的确用自己的方式抓住了绍尔的胃口。

经过一天繁忙的工作，回到家中的默克尔依然会为丈夫准备好晚饭。默克尔最擅长土豆汤、肉卷、普鲁士白汁肉丸以及意大利面等，她一边准备晚饭，一边和绍尔聊天，听绍尔讲科研上的事情，完全一派家庭主妇的样子。

不消说，做饭的人最大的乐趣就是看吃饭人的表情了，默克尔最大的快乐估计也是如此。绍尔吃着默克尔的饭菜，再配上句"你做的饭菜，即使是糊了我也能吃上 3 大碗"，这种满足绝非做总理可以获得的。

到了周末，饭菜就需要更丰富的食材了。以前，默克尔总会自己去逛附近的超市，一个人默默地边走边逛，这样不仅可以了解各种日用品价格，还可以慢慢选择自己要采购的商品。可以想象，一个挎着菜篮的默克尔，慢悠悠地走在周末熙攘的超市中，不时与人们打招呼的画面，实在很特别。

不过，人们对于默克尔执政的认同感，使人们充满了热情，有太多的热心人帮忙选购，这倒反而让默克尔感觉不舒服了，有种被关注的感觉。后来，只好由绍尔担任采购员这一角色，默克尔担心不知柴米油盐为何物的绍尔买错、买漏东西，总会将要买的东西提前列在一张纸上，这下科学家就不会搞错原料了。

逢到重要的节日或者朋友来访，默克尔总会展示她的拿手厨艺——李子蛋糕，这也是默克尔招待客人最重要的甜点。只是，嘴巴刁钻的绍尔对默克尔的得意之作不是很感兴趣，总会提醒她在做蛋糕时多放点面包屑，绍尔不懂做饭，但在面包方面所提的意见绝对专业，因为绍尔出生在面包"世家"，父亲当过面包铺的面包师。

茶余饭后，默克尔最想要去的地方是屋后的一块小花园，花园里种满了她喜欢的花花草草。吃完饭之后，和绍尔一起坐在花园边的藤椅上，一边聊天，一边听着古典音乐，眯着眼睛迎向洒在身上的柔和阳光，这真是默克尔茶余饭后最大的享受，令她一扫政事缠身的烦恼，难怪她会说自己是热情花园女园丁。

不仅如此，默克尔也充分利用了花园的每一寸土地，在一些边边角角种满了时令蔬菜，能吃自己亲手种的菜也是一种满足。

为了增加些夫妻生活情调，适当地喝点酒也是很必要的。默克尔的酒量相当不错，这得益于大学时勤工俭学做了酒吧吧台服务生，她最喜欢喝的是啤酒和红酒。不过，"久经沙场"的默克尔也有马失前蹄的时候，据她自己爆料，她第一次喝樱桃酒时酩酊大醉，原因是樱桃酒酒劲比较慢，她以为没事，却不想觥筹交错、推杯换盏之间，已然大醉。

烟是酒的伙伴，默克尔早期也曾抽烟，对于这一点，她毫不避讳，后来为了健康和政治前途，在遭到反对党大肆攻击之后，她便戒烟了。

在家庭主妇这个角色上，默克尔做得和总理一样出色，在夫妻相处这门学问上，她堪称是"博士"级别的，很难有女领导人拥有如此稳定的家庭。

每天一回到家，默克尔会立刻转变身份，从不会给绍尔压力，这也正是她极具智慧的表现，而且在与丈夫的聊天中，很多时候都是绍尔诉说自己的故事，她仔细倾听，了解丈夫工作生活里的点点滴滴，这保证了夫妻感情交流的畅通。

当夫妻俩都空闲下来时，他们会选择徒步旅行或者旅游。在旅游地的选择上，两个人也相当合拍——他们都喜欢去山里度假，或者野外旅行。在默克尔看来，这是让她更加轻松的最好选择。在山里，完全不用担心会被突然发生的事件困扰，因为山里没有任何信号。除此之外，两个人在音乐、读书等其他许多方面都有共同的爱好。

绍尔的兴趣是歌剧，每一年的拜罗伊特音乐节上都能看到他的身影，当然也有默克尔的陪伴。这也成为夫妻俩在媒体中露面最多的场合。

在绍尔的影响下，默克尔也成为瓦格纳歌剧的忠实爱好者。就算妻子在政坛上越来越受瞩目的时候，绍尔也没有任何改变，仍然专注于自己的科学研究，依然保持不苟言笑、低调稳重的个人风格。媒体报道艺术节上绍尔的表现时如此形容道："同样的礼服，同样的鞋，还有同样的不太情愿的表情。"

绍尔在正式场合的衣着、表情也和默克尔如出一辙：永远都是穿着一身黑色的西装，同一双皮鞋，唯一可能的变化就是领结和领带。至于表情，就是始终如一的"毫无表情"，根本看不出喜怒哀乐，挺直腰板站在默克尔后面，或是挽着她。

好在绍尔面相和身材很好，倒没有因为外形受到像默克尔那么多的批评。冷酷严肃的面孔加上挺拔的身体姿态，让默克尔很有"面子"。

默克尔的家庭生活，绝非我们普通人对总理级别的领导固有的奢华印象，而是平凡而又简单的。相对于之前紧守家庭隐私，如今的默克尔为了制造些个人话题，争取基民盟的支持率，态度已经改观了很多。

她甚至会在脸书（Facebook）上曝光一些自己的生活隐私。今日的默克尔，作为一名成熟的政治家，早已知道该如何适当利用家庭生活细节来吸引选票，利用家庭生活来拉近与选民之间的距离，她也慢慢因此成为出名的亲民总理。

夫妻生活甜蜜，家庭生活和谐，可似乎少了点属于这位女总理的什么吧？是的，的确少了一样重要事情，那就是孩子。对于是否再要一个孩子，默克尔在接受采访时表示："我并不是不要孩子，只是没成功。从政时我已经 35 岁，也就不再提要孩子的事情了。或许等我 70 岁了会后悔没有孙子，但是那个时候谁又知道呢？"

很多男人心中的完美女性形象，也许就是"上得厅堂，入得厨房"，默克尔在家是贤妻良母，出门则权掌天下，能做好一面就已相当有难度，而默克尔居然能从容转换，不得不令人钦佩。

12
“第一女总理”的点滴趣事

克勤克俭的德国总理

中国有句古话：一室不扫，何以扫天下。虽然身为德国人的默克尔可能不知道这句话，但“英雄所见略同”，其中的道理她一定懂得，不论持家还是治国，她都本着克勤克俭的原则，做得十分出色。

一个家庭不单单有夫妻双方的爱情，日常生活中也不限于爱情这一伟大情感，更有柴米油盐酱醋茶的琐碎小事，而爱情也是以面包为基础的。

在家中，默克尔作为一家之主妇，自然是需要精打细算过日子。对于整个德国来说，默克尔作为领导人，当然也要为整个国家的经济把好关。也许，人们可能会有这样的好奇——默克尔身为堂堂一国之总理，难道还需要为面包而烦恼吗？

德国有着严格的官员监督制度，上至总统，下至基层官员，都必须遵守规定，无人例外。作为总理的默克尔，更是被无数双眼睛盯着。反对党更是时时刻刻睁大眼睛，等待默克尔不慎犯错的时候，群起而攻之。而清廉，更是德国官员监督制度中重要的内容，所以默克尔除了那一点总理薪水之外，再无其他。

除了工作要求默克尔必须节俭，她的成长经历也对其勤俭的性情有很大影响。

默克尔在东德一直生活到她36岁，人生的前半生都在东德度过。东德是什么样的？那是个一年只有几个鸡蛋的贫困社会。所谓习惯成自然，早年为了应付贫苦生活而不得不节俭的习惯，早已融入默克尔的血液之中，近乎成为本能。

默克尔追忆当年在东德的生活时说道，在东德生活了30多年，让她至今仍然保留着当年的一些习惯，譬如囤积食物等生活必需品。她曾表示，即使她试图改掉这些习惯，不过长达几十年的习惯似是已经融入她的血液，是无法丢弃的东西。

"我看到食物时就总有想要买的冲动，不管是不是当时需要的。毕竟之前在一个物资匮乏的环境中生活多年，人们似乎总是在寻找食物保存下来，这是很难免的。"默克尔说。直至今日，默克尔还喜欢匈牙利大炖菜和辣味烤肉串等带有浓郁东德味道的食品。经年累月留下的回忆，是金钱无法替代的，因那回忆本身带着一种叫做"永恒"的味道。

默克尔在与绍尔生活的几十年家庭生活中，不仅自己经常去超市购买日常生活所需，更是在自家的小花园中种了不少时令蔬菜。现在的默克尔，当然把这些事情当作闲暇时的消遣，但在早年时，还是能够补贴生活的。默克尔本人和她的朋友都曾经表示过，她在日常生活中非常节俭。当然，节俭不等同于人们狭义理解的小气，节俭是不该花的钱一分不花，该花的时候也毫不含糊的品质。

经历过苦日子洗练的人，总是比一般人更知道金钱的来之不易。今日的德国，有默克尔这般生活经历的人并不多，这也是很多人不理解这位德国第一领导人的种种细微表现的原因之一。

在管理德国这个大家庭时，默克尔同样把自己的节俭之风带入其中。她自当政以来，一直奉行节流的政策，尤其是在政府节约开支方面，不仅严格控制"三公消费"标准，就连她本人都坚持步行或者骑自行车上班。以身作则的默克尔，让德国政府上下形成了反对铺张浪费、节俭节约的风气。就连绍尔也受此风气影响，在陪同默克尔出行时，坚决拒绝搭乘总理的顺风飞机。

默克尔的节俭措施，加上务实有效的经济政策，一举让德国的经济进入了战后最好的时代。现在的德国不仅是欧盟最大的经济体，在世界上也有着举足轻重的地位。

一个人不可能得到所有人的认同，德国当然也有好大喜功、追求奢华的人。这些人对默克尔的节俭嗤之以鼻，认为她太过小家子气，没一点大国风采。相对于这些浅薄之见，阴险的中伤更可恨：一些政客和媒体认为，默克尔的节俭完全是政治作秀，是为了选票而进行的表演。这是无可厚非的攻击，身在政坛，避免不了被对手以"莫须有"的罪名打压。

只是，默克尔绝不会因为这样的打压改变初衷，她的节俭深入骨髓，难以更变。来看看默克尔出访中国时的表现吧。

作为领导人出访他国，对方国家自然有其不可或缺的接待礼仪。中国政府在这方面自然不能遗人话柄，一切事务都安排得妥妥当当，绝不会让默克尔有任何后顾之忧。

2007 年 8 月底的访华行程中，默克尔的第二站选择了古都南京。南京方面以高规格接待这位大人物，为德国代表团安排入住超五星酒店，默克尔更是可以入住酒店顶层 400 多平方米、可以俯瞰南京全景的总统套房。

不过，默克尔却婉拒了中方的好意，坚持要与代表团成员一样住进普通商务客房，其房价只为 1800 元，只是总统套房的 1/20，且只有 70 平方米大小。这种平实、朴素的作风令南京方面的代表十分惊讶，同时也异常敬佩。被问及为什么要更换房间时，默克尔的回答是：那间带有双卧室、客厅、书房、会议室和干蒸设施卫生间的总统套房太过奢华，而哪怕是不到 2000 元一晚的普通客房，也已经足够豪华了。

第二天早晨，默克尔也没有去贵宾包间进餐，她选择和普通人一样，在酒店餐饮大厅吃自助餐。在选择早餐时，她不慎将一片面包掉落，按照惯例，酒店的工作人员会帮客人更换一个，但当身旁的酒店工作人员上前去帮忙，想捡起来再换一片时，默克尔却示意自己来，并弯身捡起掉在地上的那片面包，放进自己的餐盘里。她的早餐就更简单了——煎鸡蛋卷、奶酪饼、西瓜，加上麦片，也包括掉到地上的那片面包。

默克尔不仅仅在吃住方面很"平民"，穿衣上也十分节俭。2012 年 7 月 25 日，她在出席于拜罗伊特侯爵歌剧院开幕的第 101 届德国拜罗伊特音乐节时，又一次成为了人们关注的焦点。

当时，默克尔穿着一身宝蓝色的晚礼服，与身旁西装革履的绍尔教授并肩走上红毯，两人显得格外登对。但引起大家兴趣的是，默克尔的这件晚礼服好像似曾相识，更有好事的媒体翻出之前默克尔身着这身礼服的照片。原来，这与她在 2008 年出席拜罗伊特音乐节时的穿着如出一辙：相同的礼服、相同的手表、相同的项链……也因此，默克尔因为衣着节俭而"冠压群星"，成了众多媒体争相报道的音乐节亮点。

默克尔的节俭频频"走出国门"，让越来越多的异国民众领略到了她的独特领袖之风。

从 20 多年前开始，默克尔还保留着这样一个习惯，那就是每年的复活节，都要举家到意大利的伊斯基亚岛上度过。当然，节俭的默克尔，一样给意大利的民众留下了深刻的印象。

默克尔一家每年到达伊斯基亚岛都会入住同一家酒店的同一个房间。酒店的工作人员提起默克尔也是夸赞不已，表示她的生活处处都勤俭节约，令人印象深刻。每次晚餐未喝完的红酒，她总是嘱托服务员将塞子塞好，以便第二天可以继续饮用。而在度假期间，她和丈夫也同样未有任何显示自己身份的举动，在吃住上好不挑剔，一点架子都没有。

默克尔时时处处将"俭"字放在首位，其实这早已与作秀毫无关联了。一个人可以作秀一天两天，一年两年，可绝不能持续几十年去作秀。或者，也可以这样说，若一个人能作秀几十年，那么那早已不是作秀，而是良好的品质了。这样的作秀，也是应该大大提倡的。

德国的监督机制，对于默克尔的勤俭之风有一定的制约作用，可作为总理的她，若是在某些事情上适度消费，也是无可厚非的，可她绝不如此，显然这是她个人觉悟的体现。

一个谨慎看守纳税人钱财的总理，是绝不会中饱私囊的。做者无心，看者有意，默克尔在诸多事情上表现出的种种细节，震撼了身边许多人，这样的一位领导人的确值得人们尊敬。

德国足球队的第"12"人

一个人的爱好就像是一面镜子，可以反射出其品性。以音乐为例，有的人喜欢轻音乐，轻轻柔柔的像一阵微风，这种人多半性子也比较平和，与人易于相处；有的人喜欢摇滚乐，声嘶力竭地呐喊方能排解他对于现状的不满，这种人多半对生活有极大的追求和热忱。默克尔喜欢的是古典音乐，这种人普遍比较理性，做事富有规划性，一般也比较固执。

默克尔一向以稳重、不苟言笑的形象出现在公众视野里，这种性格的人，也许人们很难把某种富有激情的事情与之相连，更别提这样的人会"以物喜，以己悲"了。可默克尔却是个例外，除了政治，能让她时而欢喜时而忧的还有足球。

没错，默克尔是一名狂热的足球爱好者，甚至因此被媒体称为"德国足球队的第12人"。

在各国政要中，喜欢足球的不胜枚举，尤以南美国家领导人居多，不过那样的足球与政治多少有些挂钩。在南美国家，足球是政治中很重要的角色。西班牙王室是足球的忠实粉丝，但是绅士型的球迷多半是坐在场边，眯着双眼，嘴角微微上扬，不论输赢均会起身鼓掌，多数欧洲政要都属于此类；而默克尔则完全把自己当成是一个普通球迷，全神贯注，情绪完全跟着球赛节奏，时而俯首叹息，时而双脚离地庆祝，不要说不顾自己平时的形象了，连身边对方国家领导人的面子都不顾。

默克尔绝对是德国队的骨灰级球迷，大学时期的她就已爱上了足球，此后无论是欧洲杯、世界杯，还是德甲联赛，她均会全程关注。

从政之后的默克尔依然不改球迷本色，每逢德国队的重要比赛，她都会尽量亲临现场，实在没空也会观看电视直播。默克尔的球瘾实在大得惊人，她曾经为了看球赛，将丈夫绍尔一人丢在家中，和朋友一起出去享受。

2006 年，是默克尔作为"足球总理"的一年。在 2006 年第一天的新年音乐会上，默克尔在讲话时就提到，2006 年的德国将再次成为世界瞩目的焦点。

在德国竞争 2006 年世界杯举办权中，前总理施罗德做出了突出的贡献。布莱特曾这样说过："2006 年世界杯在德国举行是 K–K 合作的结果——Kanzler（总理）和 Kaiser（恺撒）。"

为了表彰施罗德的功绩，德国足球协会授予他"荣誉会员"身份，当时默克尔站在一旁鼓掌祝贺，她还幽默地对曾在业余球会 TuSTalle 担当过中锋的施罗德说："我们两人在其他领域是竞争者，但我敢肯定，如果要罚点球的话，我肯定不如你。"

按照德国媒体的说法，"足球消除了政治分歧"。默克尔从施罗德手中接过一个政府的同时，也连带着跟德国足球站在了一起，并接过了 2006 年世界杯。

默克尔说："我不会把自己看作是一位足球方面的专家，关于战术和比赛，有其他的人比我懂得更多。但是，我一直是一个狂热的球迷，当初在民主德国就是如此。"

她回忆说，1974 年世界杯举行时，她还在莱比锡大学读一年级。她和朋友们一道通过电视观看了民主德国和联邦德国两个队的比赛。她说："我们根本不知道自己应该为哪支德国队加油，因为我们同样很崇拜贝肯鲍尔和盖德·穆勒所带领的那支充满伟大球员的球队。1972年在欧洲杯上夺冠时我们就开始喜欢他们了。"

她还说，在1990年以后，她也经常到现场看球。谈到2006年德国世界杯，她说："众多游客和电视观众应该会认识到一个美丽、好客而且对世界开放的德国。许多人将聚集一堂，欢庆足球的盛会，同时结下友谊。"同时她也强调了世界杯期间的安全保卫工作，她说："……我可以非常肯定，他们（安保人员）会尽一切努力，保证足球会成为中心。混乱在我们的世界杯上将无处寻觅。"

2005年12月10日，在德国法兰克福举行了2006年世界杯抽签仪式，默克尔出席了这一隆重的仪式。分组结果出来后，她像大多数德国球迷一样感到满意，她表示，要尽可能多地观看德国队的比赛，此外还有阿根廷和巴西的比赛。对于德国队的前景，这位"足球总理"充满自信："夺冠？为什么不？我确信，因为我们国家队在世界大赛中的表现一直都很出色，而且主场的优势将起到至关重要的作用。"

她还开玩笑似的说，和夺得世界冠军的德国女足相比，男足还得加把劲儿："我会在适当的时候出现在球队面前，就算是他们最终只获得亚军，我也会支持他们。"她还表示，她很希望认识德国队主教练克林斯曼："尽管他在总理竞选中一直支持施罗德。"

2008年欧洲杯期间，默克尔依旧不减热情，全程关注德国队比赛。那段时间，人们总会看到平时不苟言笑的默克尔像打了鸡血似的出现在绿茵场边。因为中间要参加 G20 峰会，默克尔不能观战德国对战英格兰的一场比赛，于是她与英国首相卡梅伦只能一同通过电视直播来观看比赛。

与坐在身旁的卡梅伦不同，默克尔的注意力要集中得多，她一直全神贯注地盯着电视。当看到德国队进球时，她更像是完全忘记了卡梅伦的存在，忘情地欢呼起来。直到比赛最终结束，德国队大胜英格兰，默克尔这才回过神来，向身边的英国首相致歉。

默克尔不仅会在赛前赛后短信慰问德国队，等到进入决赛阶段，她更是场场亲临现场，为日耳曼战车呐喊助威。

1/4 决赛时，默克尔又亲临现场观看比赛。她在看台上总是精神振奋，与普通球迷一道欢呼雀跃。德国再次取得胜利后，她忍不住夸赞勒夫麾下的这支年轻队伍："德国队的比赛让我记忆深刻。众所周知，这支队伍非常的年轻，但他们的表现却非常成熟。……他们表现得十分出色。"

默克尔也曾被质疑借足球炒作，不过这种说法显然站不住脚，因为她在看球时的情感投入完全不是一个伪球迷能装出来的，而且据和默克尔关系密切的德国国家队后腰巴斯蒂安·施魏因施泰格爆料，默克尔是一位懂得球场节奏的地道球迷。

默克尔虽然如此喜欢足球，可她最崇拜的体育明星并非足球运动员，而是玉树临风的德国国家队教练勒夫。她每次看见身姿挺拔的勒夫站在场边运筹帷幄，她那眼神流露出的完全就是女粉丝见偶像的感觉。当然，勒夫也乐于多一位有影响力的女粉丝。

爱好会促进一些习惯的形成，习惯会影响性格，默克尔所钟爱的这些休闲活动，都会让她越来越理智，不畏困难，做事时亦是未雨绸缪，这一切都使得她在政治上取得了非凡成绩。

有嗜好方能使人偏执，或许这个世界上，"只有偏执狂才能成功"。

跟政要们拼"刷屏"

当微博逐渐走进普通人的生活，它的影响力也就不局限于大众之中了，各国政要也纷纷织起了"围脖"。

美国的《华尔街日报》曾经做过统计，目前已经开通微博的国家领导人超过 60 位。民众们不仅乐于看到首脑们的"关注率"，也对国家政要们之间的"互粉"十分感兴趣。往日，明星艺人是大众调侃的对象，现在民众居然可以八卦政要们的生活了。

要了解默克尔的日常生活，那就要去看她的微博，这已是众所周知的事。素有"铁娘子"称号的默克尔，在推特（twitter）中流露的却多是一个"温柔贤惠"的女人形象。我们来看看她的微博中都有些什么内容："烤箱的燃料终于买来了""一如既往的累，今天也是如此""等一下，有人在按门铃，好像是卖鸡蛋的来了"……虽然不时也有一些类似"不能被'维基揭秘'击败！"的宣言，但频频刷屏的默克尔，看起来似乎与一般的主妇差不许多，甚至让人感觉她有些啰唆。

除却看起来有些"唠叨"的默克尔，其他的政要们在微博上都是怎样的姿态呢？

美国总统奥巴马不仅在现实中受人追捧，在网络世界也堪称"人气王"。2010 年 10 月，twitter 网站统计了已开通微博的各国首脑的关注度，高居榜首的就是拥有 400 多万粉丝的奥巴马。奥巴马之所以能吸引这么多的粉丝，是因为"看他的微博就如同又听到了他的演讲，他惯用的'口号'式的表述让人能感受到他的豪情壮志和领袖魅力"。

奥巴马的账号"@barackobama"，一直以来就是微博关注榜上最受欢迎的账号之一。不过，奥巴马本人却在2009年末时坦言，之前的消息其实都是他的幕僚代为发出的，他本人并未真正地使用这个账号。

他本人真正意义上的第一条微博，是在2010年的1月参加美国红十字会救灾行动时发出的，"奥巴马总统和第一夫人正在这里，参观我们的救灾运营中心"。因为微博的内容是由美国红十字会的工作人员编辑的，然后由奥巴马亲自点击了"更新"的按钮，因此他用的是第三人称来发布这条消息，紧随其后，工作人员又发布了第二条消息："上一条消息由奥巴马总统亲自按下按钮发出。这是他首次发表微博。"

除了"人气王"，还有一位"话题王"不容忽视，这位"话题王"就是英国首相卡梅伦。

曾有一家调查机构，调查了近几年英国公民最为关心的几十个话题，包括伊拉克战争、阿富汗战争、英国石油公司漏油事件等。而首相卡梅伦与其中绝大部分的事件都脱不了瓜葛，在关系到英国政府的事务中，有许多的内容都牵扯到了卡梅伦。所以，这个"话题王"的称号，卡梅伦当之无愧。

阿根廷总统克里斯蒂娜，堪称是微博上的"更新王"。克里斯蒂娜于2010年便开通了微博，不过刚刚开通的前三天，她却并未写下只字片语，这让她的上万名粉丝十分遗憾，就连阿根廷的媒体也忍不住地呼喊："亲爱的总统，你可不能失信于我们啊！"

克里斯蒂娜似是听到了群众的呼喊，她曾在一个月的时间里发布 205 条的微博，平均每天就要发布 7 条。

眼见克里斯蒂娜化身为"更新王"，这下没人再怪她"言而无信"了。克里斯蒂娜发布的微博内容多是攻击政敌、发布政见的，譬如她曾在微博上严辞批评阿根廷的反对派，甚至有一次还在博文中称英军为"海盗"。这位女总统犀利泼辣的博文风格，引起了阿根廷官员的争相效仿。另外，这位女总统也是走在时尚尖端的人，相信民众也会很乐意和她在微博上讨论最新服饰潮流。

俄罗斯总理梅德韦杰夫，算得上是最能将微博物尽其用的国家首脑了。自从 2009 年开通微博之后，利用微博拓展交际范围，并通过微博发表言论公布政策，已经成为梅德韦杰夫开展日常工作的一种方式。

比如同是滑雪爱好者的梅德韦杰夫和曾经的美国加州州长、著名的电影明星施瓦辛格，就是通过微博认识的。2011 年年初，施瓦辛格刚刚卸任加州州长，梅德韦杰夫发布微博祝贺他时，施瓦辛格随即邀请这位滑雪同好来"切磋"一下。又如，在日常工作中，梅德韦杰夫如果对其他政府成员有什么意见，他也会选择在微博上委婉地表达出来，而不是当面指责，好给对方"留点面子"。

在各国领导人的微博中，他们一般都采用自己的姓名，且基本都是用自己本国语言来发布。当然，政要们毕竟事务繁多，没有过多的时间像普通人一样刷微博，再者，由于他们的微博经常会发布一些政府消息，所以每个政要微博的背后事实上都有一个团队来负责运营。

譬如委内瑞拉总统查韦斯，在他开通微博的第一天，就迎来了 6 万多名粉丝，堪比"光速"。"毒舌"查韦斯不仅在现实中透过媒体屡屡炮轰政敌，在微博里，他依旧不改犀利风格。

查韦斯开微博目的很明确，就是为了反击网络上的批评之声，他的第一条微博就写道："借微博反击政敌！"此言一出，众多网友纷纷前来围观，其粉丝数增长迅速，每天都有粉丝留下许多留言和问题，同时他的微博更新得很频繁，这些可并非他一人的功劳，那是因为他专门聘请了一个两百余人的专家团队，专门用来收集网友的反馈信息。

以往，各国领导们的沟通依靠专用电话，现在他们在微博里"互粉"。就像奥巴马和梅德韦杰夫互相关注，同时他们的微博都关注了英国首相卡梅伦，奥巴马曾说："自从开通微博以后，我们都已经很久没通过话了。"

而一种新的外交形式——"微博外交"也衍生出来，微博也成了首脑们建立对外形象以及在竞选时与选民沟通的重要手段。譬如罗塞夫在当选巴西总统后，墨西哥总统卡尔德龙和俄罗斯时任总统梅德韦杰夫，都通过微博纷纷向她表示祝贺。委内瑞拉总统查韦斯也在电话中恭喜了罗塞夫之后，立刻在微博将她加入了关注名单。不论在现实生活中各个国家之间的关系如何，首脑们还是乐于在网络上展现出一片平和友好的氛围。

如今，微博等"第四媒体"已经扮演着越来越重要的角色，国家首脑们已经发现它的价值，它也成为他们宣言国家方针，经营自己对外形象的有力工具。虽然有人认为，政要们开通微博，虽是与时代前进步伐一致的表现，可与解决民生问题这样的现实比起来，实在意义有限。微博，仅仅是政要们兜售自己人气的另一种手段而已。

这样的观点有其存活的土壤，而这也为我们的默尔克带来了机会。她的亲民之风，在微博上的平实之语，较之于那些把微博作为第二政治战场的人物而言，实在很接地气。如此看来，在这场微博大战中，不温不火、朴实无华的默克尔才是最后的赢家。而实际上，民众也当真需要这样的赢家，因为这样的领袖，才会真正地站在人民那边。

掌勺学川菜

《道德经》中言"治大国，若烹小鲜"，意为治国就如同做菜，做菜调好作料，既不能太咸，也不能太淡；治理国家也是，既不能轻举妄动，也不能懒惰散逸，只有掌握好分寸，方可成事。

在各国政要中，要说既能治大国，又能烹小鲜的，默克尔一定榜上有名。

2014 年 7 月 6 日，默克尔第 7 次来到中国，这一次的落脚点首先选在了成都。成都是亚洲首个被联合国教科文组织授予的"美食之都"和川菜的发源地及发展中心，默克尔又是个称职的家庭主妇，自然不会放过这个大好机会来见识一下。而这次，她不仅仅是来品尝川菜的，更是要学习一道在中国家喻户晓的川菜——宫保鸡丁。

为了从头至尾了解整道菜的制作过程，默克尔从购买原材料开始进行，可谓事必躬亲。在德国，默克尔就以时常光顾住所周围的超市而闻名。

一大早，默克尔出现在成都的神仙树农贸市场的时候，就像一位和蔼的大婶。即使是当地的安保部门做了全面的部署，她也没有表现出丝毫的不适，她走到一个个摊位前细心询问挑选，饶有兴致地翻看着各种调料，其中许多是这些欧洲客人从未见过的

"神奇作物"。

农贸市场里聚集了许多围观的中国市民，他们或鼓掌欢迎，或纷纷拿出手机留影纪念，来记录这个不寻常的场景。默克尔微笑着走到他们面前，挥手示意并亲切地同他们握手问好。就在这时，一名小贩喊出类似"大婶，买点啥？"的话，这一声逗得默克尔不禁笑出声来，见到此景，围观的群众们也开怀大笑。这位金发的"大婶"还真不是参观了就走，她随即认真挑选起来。

卖胡椒的摊主对这位德国贵客露出腼腆真诚的笑脸，发扬了中华民族热情好客的品德，要把一袋胡椒送给来自远方的贵客。但一向正直有原则的默克尔根本没想贪这个便宜，她坚持付了钱。此外，她还购买了豆瓣酱。摊主王明光说："她问我这些调料里面哪些最好，还主动跟我握了手。"王明光推荐默克尔买郫县豆瓣，这是做川菜最常用的调味料，默克尔拿了一小袋郫县豆瓣，然后从上衣口袋里掏出 5 元人民币付给了摊主。

另外，默克尔还在另一家杂货店买了辣椒面，辣椒大约八角一两，默克尔亲自舀了两小勺，然后付了 5 元崭新纸币。

逛完了干杂店后，默克尔兴致高涨，又来到蔬菜区和肉类区，途中时不时地跟摊主们交谈，询问摊主们的山药、白薯等是自己地里种的还是买来的，尽显"欧洲妈妈"的本色。很快，默克尔的菜篮子里差不多凑齐了宫保鸡丁的配料。

不只默克尔对这些从未见过的调味料充满了好奇，她身边的随行人员也一样兴趣浓厚。更有一位富有烹饪经验的同行人员亲口尝了一下胡椒，他说总理买的一小包四川胡椒足以"把欧洲人的舌头麻痹一整年"。

农贸市场的行程结束后，默克尔走进一间极富川西民居风情的川菜老字号——"成都印象"。从事厨师行业已经 14 年的厨师长张为已在操作台前等候多时。"祝贺德国队进入巴西世界杯的四强。"同为球迷的张为师傅初见默克尔，就特地向她表达祝贺。两个人在足球上找到了共鸣，张为说到自己很喜欢德国队，这让默克尔感到惊喜，两人甚至还讨论了一下自己喜欢的球星。

默克尔一来就看到桌上备用的花生米，在工作人员告诉她可以食用后，她直接用手捻起来吃。这时的默克尔全无一国领袖的威严之气，倒像个好学的学生一样。"主要的调料有花椒、辣椒、豆粉等，口味偏酸甜。"在翻译的协助下，张为详细地为默克尔解释了烹饪四川名菜宫保鸡丁的每一个步骤和技巧。

默克尔并没有亲自上手烹饪这道四川名菜，但她很认真地和厨师学习。出于安全方面的考虑，制作这道菜时避免了使用明火，而是在大厅用电磁炉炒的。为了照顾默克尔的口味，厨师为她做的这道宫保鸡丁的分量要比平时小一些，辣椒和花椒也放得少一些。

在这道热气腾腾的宫保鸡丁出锅后，默克尔操起筷子大快朵颐，还特意询问，厨师师傅是否为了照顾自己的口味，而在调料上调配了一番，这足见她的细心。

在品尝这道美味时，默克尔时不时地招呼身边人一起品尝，边吃边说 "very good"。最后，她一个人居然吃了 1/4。

不过，对默克尔而言，这道菜其实是个遗憾，因为在德国，很多调味料是买不到的，也是德国民众并不常吃的，她说，"不然我应该也可以在家里做做这道菜"。

眼见默克尔如此青睐川菜，在一旁负责此次招待的中国代表，还专门增加了一道水煮牛肉。默克尔不仅一次对外表示，在有时间的情况下，她经常会亲自做饭煲汤。下厨烹饪被默克尔称为个人的一大爱好。"我喜欢烹饪，最喜欢做的菜是马铃薯汤和肉卷。"默克尔说。据说，默克尔最拿手的菜是奶油馅饼，西红柿烩汤和炸猪排也是她的拿手好菜。一国领袖能如此亲民地与厨师交流，无疑彰显了其本质上的淳厚。

默克尔的确热衷烹饪，早在 2011 年 7 月，她访问尼日利亚时，就曾与尼日利亚总统乔那森讨论过烹饪。两人共进午餐时，默克尔突然问道乔那森："在家里你会自己做饭吗？"乔那森闻后不禁捧腹，他表示自己身为一个男人又是一国总统，怎么能降下身份进厨房呢？默克尔嘴巴一撇，不以为然："我就会给丈夫做早餐。"

不仅钟爱烹饪，默克尔也像个普通家庭主妇一样爱逛超市。2012 年年初的一个下午，默克尔就被发现在超市里买菜，而她身上穿的居然还是几个小时前在比利时与其他欧盟领导人签订财政协议时所穿的衣服。看样子，默克尔从比利时赶回德国，都没来得及换衣服，就直奔超级市场了。

而 2013 年 12 月，默克尔又一次在商场里被"逮"了个正着。当时德国一家电视台正在位于柏林的一家商场里录制节目，这位德国铁娘子突然出现在了镜头里。主持人对此画面大吃一惊，他在节目直播中说道："居然是默克尔！我们居然拍到了默克尔！简直不敢相信！默克尔显然是合格的家庭主妇，她亲自来到商场，并自己购买了芥末。"

在德国，人们似乎对自己总理的这些行为不甚惊喜，一位德国作家说道："我们的总理在超市里买菜，跟普通人一起排队付款，这总比在百万富翁的游艇上游玩要好得多吧。她是一个既平凡又伟大的女子。"

默克尔曾说，做饭让她可以"偷得浮生半日闲"，她感觉这时的自己是最自由的，"当我在动手做菜的时候，就可以暂时忘掉自己的身份，忘记自己是个总理。这时没有繁杂的工作，也不用忙着跟政府发言人通电话"。"上得厅堂，下得厨房"，可算得上是默克尔的真实写照了。